L'essentiel de la formation
préparer, animer, évaluer

Éditions d'Organisation
1, rue Thénard
75240 Paris Cedex 05
www.editions-organisation.com

Christophe PARMENTIER, Philippe ROSSIGNOL, *Formation professionnelle : le guide de la réforme,* 2004.

Christophe PARMENTIER, Fouad ARFAOUI, *Tout savoir pour e-former,* 2001.

Christophe PARMENTIER, *Former l'entreprise de demain,* 1998.

Le code de la propriété intellectuelle du 1er juillet 1992 interdit en effet expressément la photocopie à usage collectif sans autorisation des ayants droit. Or, cette pratique s'est généralisée notamment dans l'enseignement, provoquant une baisse brutale des achats de livres, au point que la possibilité même pour les auteurs de créer des œuvres nouvelles et de les faire éditer correctement est aujourd'hui menacée.

En application de la loi du 11 mars 1957, il est interdit de reproduire intégralement ou partiellement le présent ouvrage, sur quelque support que ce soit, sans autorisation de l'Éditeur ou du Centre Français d'Exploitation du Droit de copie, 20, rue des Grands-Augustins, 75006 Paris.

© Éditions d'Organisation, 2003, 2005
ISBN : 2-7081-3376-4

Christophe Parmentier

L'essentiel de la formation
préparer, animer, évaluer

Préface de Gaston MIALARET
Postface de Marc DENNERY

Deuxième édition

Éditions
d'Organisation

Docteur en Sciences de l'Éducation, diplômé en pédagogie et communication, **Christophe Parmentier** a été enseignant puis chercheur associé au Laboratoire Informatique de l'Université du Maine. Il est ensuite devenu chargé de mission au sein d'une Chambre Régionale de Commerce et d'Industrie puis consultant-formateur au sein d'un grand organisme de formation et senior manager dans un grand cabinet d'audit et de conseil, enfin directeur du développement d'un OPCA.

Spécialiste de l'évolution des systèmes de formation et de l'innovation pédagogique, il est aussi expert auprès de l'Union européenne. Il est directeur associé au sein de CLAVA.

Remerciements

L'auteur tient à remercier ses collègues et plus particulièrement Gaston et Marc pour avoir accepté de cerner le propos.

Merci à Sylvie pour son aide complice.

Cet ouvrage n'aurait pas pu voir le jour sans la rencontre avec tous les formateurs qui, lors de stages, de conférences ou de simples rencontres ont accepté de confronter leurs approches et leurs pratiques. Qu'ils en soient remerciés…

À Célia

À Cyrielle

Sommaire

Préface 1

Introduction 7

Partie 1. Préparer une action de formation

Concevoir une action de formation, c'est s'inscrire dans
la démarche : connaissance, compétence, performance ... 10
  La compétence 12
  La connaissance 17
  La performance 18
Concevoir une action de formation, c'est s'inscrire
dans l'ingénierie de formation 20
  Trois axes d'ingénierie transverses 25
Concevoir une action de formation, c'est suivre
une méthode par objectifs 26

Former des adultes 31
  Fiche 1   **Cadre général de l'ingénierie de formation** 33
  Fiche 2   **Motiver un adulte en formation** 35
  Fiche 3   **La motivation au départ... et à l'arrivée** 39
  Fiche 4   **Comment un adulte apprend-il ?** 41
  Fiche 5   **Analyser une demande de formation** 45

Fiche 6	Des réponses pour le développement des compétences	47
Fiche 7	Définir les besoins de formation	49
Fiche 8	Identifier la population cible	51

Conception d'une action de formation 53

Fiche 9	Concevoir une formation	55
Fiche 10	Réaliser un cahier des charges	57
Fiche 11	Élaborer des progressions pédagogiques	59
Fiche 12	Choisir des méthodes pédagogiques	61
Fiche 13	Les prérequis en formation des adultes	63
Fiche 14	L'emploi du temps d'un groupe en formation	65
Fiche 15	Le « découpage » d'un stage : le dispositif de formation	67
Fiche 16	Le « découpage » d'un stage : l'action de formation	69
Fiche 17	Le « découpage » d'un stage : le module	71
Fiche 18	Le « découpage » d'un stage : la séquence	73
Fiche 19	Le document d'organisation pédagogique	75
Fiche 20	Formuler des objectifs pédagogiques	77
Fiche 21	Composer un groupe	79
Fiche 22	La dernière semaine avant un stage	81
Fiche 23	La veille ou le matin même	83

Les méthodes pédagogiques 85

Fiche 24	Choisir une méthode pédagogique	87
Fiche 25	L'exposé	89
Fiche 26	La démonstration	91
Fiche 27	Faire découvrir	93
Fiche 28	La simulation	95
Fiche 29	Questionnements	97

Les supports pédagogiques 99

| Fiche 30 | Les supports pédagogiques | 101 |

Fiche 31	**Choisir son support pédagogique**	103
Fiche 32	**Vérifier son support pédagogique**	105
Fiche 33	**La pertinence d'un support pédagogique**	107
Fiche 34	**Les transparents**	109
Fiche 35	**La vidéo**	111
Fiche 36	**La documentation stagiaires**	113

Partie 2. Animer une action de formation

Animer une action, c'est s'inscrire dans le sens
du changement et des évolutions 116
Animer une action, c'est s'inscrire dans le cadre
de la formation professionnelle continue 118
Animer une action, c'est s'inscrire dans le marché
de la formation 122
Animer une action, c'est s'inscrire dans l'éthique
de la formation 124
   Animer le temps de la formation 124
   Animer des lieux ou un espace de formation 127
   Animer des contenus et des méthodes 129
   Animer la dynamique du groupe en formation 130

Avant de commencer 135

Fiche 37	**Rappel des points clés de la préparation**	137
Fiche 38	**Adapter une action de formation**	139
Fiche 39	**Préparer la salle**	141
Fiche 40	**Check-list logistique**	143

Attitudes du formateur 145

Fiche 41	**Le look du formateur**	147
Fiche 42	**Gérer son trac**	149
Fiche 43	**Directif ou permissif ?**	151
Fiche 44	**Se mettre à l'écoute**	153
Fiche 45	**Orienter le travail**	155

Fiche 46	**Faciliter la formation**	157
Fiche 47	**Réguler la formation**	159
Fiche 48	**Réagir face à une situation difficile**	163

Démarrer 165
Fiche 49	**Ouvrir le séminaire**	167
Fiche 50	**Maslow en formation**	171
Fiche 51	**Présenter le plan de formation**	173
Fiche 52	**Formuler les attentes des participants**	175
Fiche 53	**Démarrer une nouvelle séquence**	177

Dérouler 179
Fiche 54	**Des questions, des réponses pour former**	181
Fiche 55	**Michael Porter en formation**	183
Fiche 56	**Attitude, langage et vocabulaire**	185
Fiche 57	**Actif ou passif**	189
Fiche 58	**Les mises en situation**	191
Fiche 59	**Les pauses**	193
Fiche 60	**Le groupe et sa dynamique**	195
Fiche 61	**Les sous-groupes**	197
Fiche 62	**Le groupe est hétérogène**	199

Utiliser des outils 201
Fiche 63	**Les supports pédagogiques sur papier**	203
Fiche 64	**Le vidéoprojecteur**	207
Fiche 65	**La vidéo**	209

Partie 3. Évaluer une action de formation

Évaluer une action, c'est s'inscrire dans la mesure
de la performance 215
   Nature de l'évaluation en formation 215
   Objet de l'évaluation en formation 217
   Outils d'évaluation 220

  Appliquer 223
Évaluer une action, c'est s'inscrire dans une dynamique
qualité 224
Évaluer une action, c'est s'inscrire dans la certification
des compétences 227
  Certification et validation de démarches individuelles . 228
  Certification de démarches collectives 230

Évaluer, suivre, accompagner 235
  Fiche 66 **Pourquoi évaluer ?** 237
  Fiche 67 **L'évaluation sommative** 239
  Fiche 68 **Le QCM** 241
  Fiche 69 **Exemples de QCM** 243
  Fiche 70 **L'évaluation formative** 247
  Fiche 71 **Le brainstorming** 249

Évaluer avant l'action 251
  Fiche 72 **L'évaluation par le formateur
        d'une demande de formation** 253
  Fiche 73 **L'évaluation préalable des participants** . . . 255
  Fiche 74 **Exemple de questionnaire participant avant
        l'inscription** 257
  Fiche 75 **Exemple de guide d'entretien participant
        avant l'inscription** 259

Évaluer pendant l'action 261
  Fiche 76 **Évaluation intermédiaire** 263
  Fiche 77 **Évaluation de la satisfaction** 265
  Fiche 78 **Exemples de fiche de satisfaction** 269

Évaluer après la formation 273
  Fiche 79 **Le suivi de la formation** 275
  Fiche 80 **Exemples de questionnaire d'évaluation
        à la suite d'une action de formation** 277

Normes et labels 281
    Fiche 81   **Les normes Afnor appliquées à la formation** . 283
    Fiche 82   **Les normes de la série ISO 9000** 285
    Fiche 83   **Les labels et habilitations** 287
    Fiche 84   **Grille d'observation des pratiques d'un animateur en situation** 291
    Fiche 85   **Des licences pour des produits** 293
    Fiche 86   **Des standards pour les outils de formation** ... 295

Certifications, attestations 297
    Fiche 87   **La certification par tierce partie** 299
    Fiche 88   **L'audit en formation** 301
    Fiche 89   **Grille d'évaluation de la stratégie de formation d'une entreprise** 303

Conclusion 305

Postface 313
    Une dynamique socio-historique 315
    Une dynamique de construction d'un corpus méthodologique 316
    Une dynamique communautaire 317

Bibliographie 319

Index 323

Préface

Depuis quelques décennies, les projecteurs pédagogiques ont changé d'orientation. Jadis, parler de pédagogie, c'était parler de la « chose scolaire ». Puis vint un temps où l'on commença à se préoccuper de la formation nécessaire des adultes, de ce que l'on appelait du terme affreux de « recyclage ». Très souvent, d'ailleurs, on reprenait avec les adultes les méthodes pédagogiques qui étaient utilisées dans les enseignements élémentaire et secondaire. C'est dire que, très souvent, on remettait l'adulte dans la positon d'échec scolaire qu'il avait pu connaître dans sa scolarité. On s'aperçut rapidement que la liaison à établir entre l'éducation à l'école et la formation des adultes n'était pas aussi simple qu'on le pensait et que la filiation ne se faisait pas sur le mode de la continuité : on ne passe pas sans une certaine mutation des formes actuelles (nous disons bien actuelles) de la vie scolaire à la formation des adultes, et ceci pour des raisons nombreuses et variées.

L'usage de la langue ne s'y est pas trompé. Alors que le langage a longtemps oscillé entre formation professionnelle, formation continue, éducation permanente, éducation des adultes, éducation populaire, perfectionnement…, on a été amené à distinguer, petit à petit, « l'éducation », terme réservé à la scolarisation, et « la formation », terme plutôt réservé à la formation des adultes. S'agit-il d'une simple question de vocabulaire ou d'un changement de paradigme, comme disent les pédagogues actuels ?

Au cours du siècle dernier, les conditions de la vie sociale, les progrès techniques, les modalités de la vie industrielle et commerciale ont considérablement changé (et à quelle vitesse !), les formes de la vie politique se sont modifiées, le rôle et la place de l'individu au sein de la société (considérée dans toutes ses composantes) ne sont plus les mêmes. On se rappelle la formule classique de Durkheim d'il y a cent ans :

> « … l'éducation a pour objet de susciter chez l'enfant un certain nombre d'états physiques, intellectuels et moraux que réclament de lui et la société politique dans son ensemble et le milieu social auquel il est particulièrement destiné. »

On n'était pas très loin du « meilleur des mondes » d'Aldous Huxley ! En fait, l'individu devait devenir conforme à un modèle établi par d'autres. On ne demande plus à l'individu du XXIe siècle d'être identique aux autres individus mais, au contraire, de rechercher l'originalité, de faire fleurir ses différences, de faire preuve de créativité, de se construire tout au long de sa vie en fonction d'un modèle qui, sans être totalement étranger aux attentes de la société, sera celui qu'il aura choisi. Ainsi…

- finalités nouvelles de l'action éducative différente – souci d'universel/recherche d'originalité ;
- public d'adultes variés à prendre en considération – sujets à former/sujets à aider à se transformer ;

- contenus nouveaux à créer et à mettre en œuvre – programmes conduisant à une « culture générale et humaine », adaptation ou réadaptation aux besoins du marché du travail ;
- méthodes modernes à utiliser – méthodes plus ou moins encore magistrales et verbales pour apporter les connaissances à acquérir/méthodes faisant appel aux expériences acquises par les sujets qui ne sont plus considérés comme des « tables rases » à qui il faut tout apprendre ;
- formes modernes d'évaluation à inventer

… sont les problèmes actuels qui préoccupent tous les formateurs d'adultes.

On peut affirmer sans crainte que la dernière moitié du XXe siècle a vu naître de nouvelles formes de pédagogie pour répondre aux besoins grandissants de la formation des adultes et aux besoins des entreprises soumises aux dures lois de l'évolution technique, économique et politique.

Si l'on disposait déjà de publications plus ou moins partielles sur les activités de formation des adultes, le grand mérite du livre de Christophe Parmentier est de constituer un véritable traité de pédagogie (il parle de l'ingénierie de la formation), dans lequel les aspects théoriques ne sont pas oubliés et ne sont jamais déconnectés des problèmes de la pratique. Tout au long de son ouvrage, l'auteur répond bien aux cinq questions fondamentales que doit se poser toute entreprise pédagogique ou ingiénièriale, et que nous venons de signaler :

- ▸ Pourquoi – problèmes de finalités ?
- ▸ Quel sera le contenu de l'action éducative – programmes, curriculum ?
- ▸ À qui s'adresse cette action éducative – les publics, les sujets ?

- Comment exercer cette action afin de respecter les contenus à faire passer tout en répondant aux finalités énoncées – ce sont les méthodes et techniques pédagogiques ?
- Quels sont les résultats de l'action éducative entreprise – tous les problèmes de l'évaluation ?

Tout au long des différents chapitres, l'auteur fait la preuve de sa maîtrise des questions et conduit son lecteur – sans jamais utiliser ce qu'il est convenu d'appeler « la langue de bois » – des considérations théoriques les plus solides aux aspects les plus concrets de l'action éducative à choisir ; et tout ceci sans aucun dogmatisme, laissant au lecteur le libre choix de ses conduites éducatives ; les fiches pratiques, à elles seules, constituent un traité pratique de pédagogie ; elles sont normalement éclairées par les considérations théoriques qui ouvrent chacun des chapitres. La présentation en est particulièrement claire et les exemples concrets qu'elles présentent seront très utiles à tous ceux qui œuvrent dans le domaine de la formation des adultes.

On passe ainsi en revue et en détail la préparation concrète des séances (conseils sur la préparation et l'utilisation de telle ou telle technique audiovisuelle, par exemple), sans jamais oublier que le formateur va se trouver en présence d'êtres humains qui ont leur passé, leurs préoccupations, leur fonction dans l'entreprise, leurs attentes et leurs espoirs.

Si, au siècle dernier, les formes éducatives scolaires déteignaient sur l'éducation des adultes, on peut souhaiter que ce soit l'inverse qui se produise aujourd'hui et que les expériences et les résultats de la formation des adultes amènent la pédagogie de la période scolaire à se poser de nouvelles questions et à moderniser l'utilisation timide qu'elle fait encore aujourd'hui de tous les moyens techniques modernes qui ne pénètrent que lentement dans les classes et établissements. On pourrait alors réellement envisager les authentiques relations qui doivent exister entre formation initiale des jeunes et formation permanente des adultes, afin que les deux volets de la formation d'un homme ne s'ignorent pas mutuellement mais constituent les deux chaînons d'une éducation intégrée qui va, aujourd'hui, de la naissance à la mort.

Gaston MIALARET
Professeur honoraire de l'université de Caen,
membre de l'Académie des sciences,
arts et belles lettres de Caen,
Grand Prix international de l'Éducation (prix Comenius),
docteur honoris causa de sept universités étrangères,
ancien directeur du bureau international de l'Éducation
(Unesco) de Genève,
ancien président du groupe français d'Éducation nouvelle,
ancien président de l'Association mondiale
des sciences de l'éducation,
président fondateur de l'Association francophone internationale
de recherche scientifique en éducation

Introduction

> « Dans mon esprit, en lançant une politique de formation permanente il s'agissait de réaliser progressivement, et sur une période qui pouvait être assez longue, quatre objectifs essentiels :
>
> - permettre à chaque homme et à chaque femme de faire face aux changements, plus ou moins prévisibles qui se produisent dans la vie professionnelle,
>
> - contribuer, par la force de cette politique, à la lutte contre l'inégalité des chances,
>
> - créer autour de l'Education nationale un environnement qui soit favorable à son évolution et à sa réforme,
>
> - enfin, permettre à chaque homme et femme de maîtriser sa vie, c'est-à-dire d'élever son niveau culturel et de prendre en main sa propre existence professionnelle. »[1]

Par ce propos, celui qui, il y a plus de trente ans, a mis en place la loi de 1971 sur la formation professionnelle en France souligne les fondements qui l'animaient dès l'origine. La formation professionnelle n'est pas une activité qui existe indépendamment de toute autre. Près de trente-cinq années de pratique et d'évolution, ont montré qu'elle est intimement liée au travail et à son évolution.

Restant conforme aux fondements proposés par Jacques Delors, de fait, le **4 mai 2004** une nouvelle loi sur la formation professionnelle est promulguée. Elle est concrétisée dans les

---

1. DELORS J., Préface de "Tout savoir pour e-former", Editions d'Organisation, mars 2001.

textes par la modification de l'intitulé du Livre IX du Code du travail. Il est désormais le suivant : « De la formation professionnelle continue dans le cadre de la formation professionnelle tout au long de la vie ». Ainsi dénommée, son objet est de « favoriser l'insertion ou la réinsertion professionnelle des travailleurs, de permettre leur maintien dans l'emploi, de favoriser le développement de leurs compétences et l'accès aux différents niveaux de la qualification professionnelle, de contribuer au développement économique et culturel et à leur promotion sociale ». Elle vise également « à permettre le retour à l'emploi des personnes qui ont interrompu leur activité professionnelle pour s'occuper de leurs enfants ou de leur conjoint ou ascendants en situation de dépendance ».

Dès lors, la formation professionnelle ne peut plus être considérée comme une seule activité ni même comme une fin en soi. Il s'agit d'un moyen qui, pour être pleinement utilisé, est découpé en plusieurs parties : prévoir et analyser les besoins de formation, construire puis réaliser et évaluer les actions de formation. Cette rhétorique va aussi construire le plan de cet ouvrage.

Ces trois étapes sont souvent prises en charge par des acteurs différents mais complémentaires. En entreprise comme au sein des organismes de formation, on trouve souvent des responsables formation qui coordonnent et évaluent, des formateurs concepteurs qui développent des actions et des intervenants qui les animent. Mais tous, et en équipe, sont engagés dans la qualité des actions et dans toutes les étapes de la démarche de formation. Ils en sont redevables auprès des participants et des commanditaires des actions de formation qu'ils développent et mettent en œuvre.

partie 1

Préparer une action de formation

Concevoir une action de formation, c'est s'inscrire dans la démarche : connaissance, compétence, performance

L'analyse des besoins de formation est une activité complète, nécessaire, qui préside à l'ingénierie de formation. En effet, au sein de l'entreprise, les besoins de formation ne sont souvent pas facilement identifiables. C'est qu'ils sont diffus et épars. J.-M. Barbier[1] constate qu'« on ne rencontre jamais que des expressions de besoins formulées par des agents sociaux divers, pour eux-mêmes ou pour d'autres » et Sophie Pagès souligne même qu'« un besoin de formation n'existe pas en tant que tel, la formation vient combler un manque de compétences et [qu']il est alors préférable de fonder l'analyse des besoins sur une logique de développement des compétences plutôt que sur une logique de demande de stages[2] ». En formation, l'analyse des besoins est donc nécessaire mais non suffisante : elle s'appuie sur le concept de compétences, qu'il convient de définir préalablement.

En trente ans, la compétence est devenue un concept phare de la formation professionnelle et des ressources humaines. Le formateur et plus particulièrement le concepteur ne peuvent l'ignorer. L'apparition de ce concept correspond à une adaptation forte du système de la formation professionnelle à la crise de l'emploi : au départ, lors de la mise en place de la loi de 1971, les métiers étaient encore structurés par fonction, autour des qualifications et des emplois. Progressivement, un glissement s'est opéré : partant du métier, on est passé à la notion de qualification pour en arriver à la compétence. « La qualification représente donc une figure du métier, mais cette figure est adaptée aux conditions d'exercice du travail industriel[3]. »

---

1. BARBIER J.-M., LESNE M., *L'analyse des besoins de formation*, Champigny-sur-Marne, Robert Jauze, 1977.
2. PAGÈS S., « Recueillir et analyser les besoins de formation », in *Guide pratique de la formation*, Toulouse, ESF, 2001.

Avec l'avènement des services et l'évolution des organisations, on est ainsi passé du concept de qualification, qui fait référence à la notion de poste, aux notions de connaissances et de savoir-faire de la personne, sanctionnées par une reconnaissance collective (diplôme, classification…), et, enfin, au concept de compétence qui, lui, fait référence à l'individu et à sa capacité à faire face à une situation.

En effet, si la qualification s'appuyait sur le niveau acquis au sein d'un système de classification, construit sur des critères préétablis par le groupe social et relativement constants pour l'individu (diplôme, savoir-faire…), à l'inverse, la compétence renvoie à des caractéristiques qui dépendent de la situation de travail : il ne s'agit plus, pour l'individu, de savoir mais d'être capable de mettre en application ce savoir dans une situation de travail donnée.

Les compétences sont ainsi mises au cœur des organisations et des dispositifs de formation. Aujourd'hui, on ne gère plus des emplois ou des hommes mais des compétences, on ne recherche plus des candidats, mais des compétences et on fait des bilans… de compétences, bien évidemment ! Après avoir littéralement envahi la gestion des ressources humaines puis le management, la stratégie et l'entreprise au sens large, les compétences gagnent le secteur public de l'emploi en France et en Europe.

La compétence devenue incontournable, elle doit donc pouvoir être qualifiée : des outils et méthodes sont ainsi progressivement développés et adaptés. Le Répertoire opérationnel des métiers (ROME) de l'ANPE, la gestion prévisionnelle des emplois et des compétences (GPEC), les bilans de compétences, entretiens d'évaluation, analyses de situations, référentiels de compétences, cartographies diverses, assessment centers…

---

3. DUGUÉ E., « La logique de la compétence, le retour au passé », *Éducation permanente*, n° 104, p. 9.

tous ces outils viennent asseoir le concept et lui confèrent une plus grande légitimité, même si, comme le souligne G. Malglaive[1], « les comportements humains ne sauraient se réduire à leurs apparences observables ».

Par ailleurs, on admet aujourd'hui que la compétence s'appuie sur la connaissance et engendre la performance. La bonne compréhension de ce triptyque connaissance-compétence-performance est alors centrale pour appréhender la méthodologie actuelle de la formation professionnelle continue des salariés d'entreprise. Arrêtons-nous-y un instant.

La compétence

Le terme de « compétence » est issu du verbe latin *competere*, qui signifie « revenir à[2] ». Son utilisation en ressources humaines remonte à 1984 : Maurice de Montmollin[3] définit alors la compétence comme un « ensemble stabilisé de savoirs, de conduites types, de procédures standards, de types de raisonnement que l'on peut mettre en œuvre sans apprentissage nouveau ». La compétence a donc été envisagée, dans un premier temps, comme une compétence individuelle ; les développements récents de l'analyse de la compétence ont permis l'émergence du concept de compétence collective.

Pour Guy Le Boterf[4], la compétence se définit comme le fait de savoir agir de manière responsable et validée ou de savoir mobiliser, intégrer et transférer des ressources (connaissances, capacités…) dans un contexte professionnel donné.

Mais la véritable définition opérationnelle de la compétence revient sans doute à ceux qui l'utilisent au quotidien. En

---

1. MALGLAIVE G., *Enseigner à des adultes,* Paris, PUF, 1990.
2. *Petit Robert.*
3. MONTMOLLIN M. de, *L'intelligence de la tâche, éléments d'ergonomie cognitive,* Berne, Peter Lang, 1984.
4. LE BOTERF G., *De la compétence à la navigation professionnelle,* Paris, Éditions d'Organisation, 1999.

décembre 1997, le club Développement et compétence, regroupant différents responsables de formation de grandes entreprises affiliées au GARF, présentait la compétence comme « la capacité validée à mobiliser les savoirs acquis, de toute nature, afin de maîtriser une situation professionnelle dans différentes conditions de réalisation ». En juillet 1998, à son tour, le GARF, au sein d'une publication interne, faisait sensiblement évoluer cette définition tout en avouant que « le concept de compétence est loin d'être reconnu de manière cohérente et stable[1] ». La compétence devenait alors « un ensemble de savoirs de toutes natures, de comportements, structuré et mobilisé en fonction d'objectifs dans des situations de travail ».

La compétence sera donc comprise comme une connaissance mise en corps :

- corps individuel – traduite par le geste en relation avec l'outil de travail ;
- corps collectif – traduite par des conventions sociales, des démarches d'équipe et des outils de communication[2].

Par exemple, la performance du sauteur à la perche s'appuie sur la connaissance qu'il a de sa discipline sportive et de ses outils, de sa compétence propre traduite en gestes et en mouvements. Mais les entraîneurs, masseurs, etc. participent aussi, par leurs compétences, à la performance du sportif. Ensemble, ils créent ainsi une compétence collective nécessaire à l'expression optimale et organisée de la performance.

Ces différentes définitions, y compris celles produites par les responsables de formation eux-mêmes, montrent déjà que le concept leur est devenu indispensable, et aussi que la compétence s'observe dans l'action et qu'elle s'acquiert et se construit, notamment en formation.

---

1. GARF, « La démarche compétence », document interne, 1998.
2. PARMENTIER C., *Former l'entreprise de demain*, Paris, Éditions d'Organisation, 1998.

En entreprise, la compétence individuelle est définie comme la capacité d'une personne à réaliser des activités ou à résoudre des problèmes dans un contexte professionnel donné, afin de répondre aux exigences de l'organisation. Pour certains, la compétence ne serait qu'individuelle, seule la performance serait collective. La compétence collective désignerait alors une performance collective, différente de l'addition des compétences individuelles des membres du collectif de travail. Pour d'autres, il serait possible de faire l'hypothèse d'une compétence collective qui dépasse le niveau individuel. De toute évidence, en entreprise, le concept de compétence est incomplet s'il n'est qu'individuel puisque les réalisations sont collectives et sociales, réalisées en îlots, équipes ou brigades.

Dès lors, la notion de compétence collective est venue enrichir cette première approche de la compétence individuelle. Les travaux récents en sociologie du travail ont mis en avant la question de la coopération entre salariés. C'est à travers celle-ci et l'évocation d'un « agir ensemble, version riche de la coopération[1] » que se retrouve le lien avec la compétence collective. Dès lors, la formation devra mêler l'individuel et le collectif.

Issue de la notion de coopération, la compétence collective est alors identifiable par deux de ses composantes : elle repose sur une image, une représentation, commune aux membres de l'organisation, de la situation, et renvoie aux comportements sociaux des individus orientés vers la performance. La notion de compétence collective repose aussi sur deux présupposés majeurs : la convergence d'intérêts entre dirigeants et salariés et l'émergence d'une volonté de coopération au sein de l'organisation.

---

1. ZARIFIAN P., *Objectif Compétences,* Paris, Éditions Liaisons, 1999.

Sur le terrain, la compétence de l'entreprise, soumise à l'obsolescence, est gérée comme une ressource qui est souvent stockée : le concept même de formation continue est donc crucial, il apparaît comme une réponse adaptée. En outre, si la notion est nouvelle et peut faire croire que quelque chose a changé dans les modes de gestion des entreprises, elle permet surtout de reléguer à l'arrière-plan des notions à plus fort contenu social, comme la qualification ou les systèmes de classification eux-mêmes, très souvent liés au concept de poste et non d'emploi.

Sous l'effet conjoint des crises successives et de la recherche de gains de productivité, les situations de sureffectif sont devenues le lot commun. Il est alors apparu indispensable d'obtenir une certaine souplesse dans l'utilisation de la main-d'œuvre. Les politiques de mobilité interne vont donc tabler sur des capacités de reconversion. Mais celles-ci coûtent cher, en particulier en formation. Pour limiter les frais, il convient de dépasser les logiques anciennes reposant uniquement sur les classifications et d'utiliser au mieux les compétences existantes. Pour cela, il faut les connaître, les analyser et pouvoir les comparer. Ce passage permet de rapprocher des individus et des emplois, des emplois entre eux, de mettre à jour des filières ou des parcours formateurs.

Compétences individuelles ou collectives ne sont alors pas suffisantes pour décrire tous les processus de l'entreprise. D'autres segmentations interviennent :

- Les *compétences globales*, macro-compétences, technologiques ou managériales, définissent pour une bonne part l'identité des entreprises ou des organisations et conditionnent les stratégies ; elles sont principalement détenues par l'encadrement, parfois par tous les salariés, comme le souligne P. Zarifian :

« Au lieu que les salariés soient placés dans une organisation et entretiennent donc une relation passive à cette organisation, que, pour l'essentiel, ils subissent, les salariés peuvent devenir des acteurs explicites de l'évolution de l'organisation. Et donc développer non seulement une compétence dans l'organisation, mais aussi une compétence sur l'organisation[1]. »

- Les *compétences opérationnelles* correspondent à un premier niveau d'analyse permettant de décrire les moyens mis en œuvre pour réaliser l'activité professionnelle. Elles se déclinent souvent sous la forme : « être capable de … », « maîtriser … ». Elles sont facilement évaluables et identifiables. Le niveau opérationnel décrit de manière concrète et directement compréhensible par les opérationnels les compétences à mettre en œuvre afin de réaliser les activités. L'approche par les compétences opérationnelles est à utiliser pour des problématiques telles que le recrutement ou la rédaction des objectifs pédagogiques d'une formation.

   La rédaction des compétences opérationnelles étant spécifique à chaque activité, elle permet difficilement d'identifier les compétences transférables d'un poste ou d'une personne à l'autre.

- Les *compétences transversales* sont des compétences génériques caractérisant de manière similaire toutes les activités. Elles sont soit à dimension mentale (mode de résolution d'un problème), soit à dimension relationnelle : les compétences cognitives et les compétences comportementales.

- Enfin, Gary Hamel et C. K. Prahalad définissaient, en 1990, le concept de *compétences clés* de l'entreprise ou *core competencies*, « ensemble de savoir-faire de base qui assure une différenciation compétitive sur un marché ».

---

1. *Idem.*

Dans cette approche, on s'attache au cœur de métier de l'organisation afin de déterminer quelles sont les compétences qui caractérisent l'organisation au-delà des compétences requises pour la tenue des différents métiers nécessaires à son fonctionnement.

La connaissance

Le concept de compétence, comme nous l'avons vu, est intimement lié à celui de connaissance. La connaissance peut être définie comme un ensemble stabilisé de savoirs et de savoir-faire acquis par un individu et mobilisable par ce dernier ; elle est donc forgée par des aptitudes, des capacités, une motivation, des sensations. Elle repose sur l'expérience qui permet de construire des représentations du réel.

Selon les modèles du *knowledge management*, les connaissances peuvent être tacites ou explicites, individuelles ou collectives. Dans cette approche, on ne s'intéresse pas aux compétences mais aux connaissances ; la compétence étant la capacité à mettre en œuvre des connaissances dans un contexte professionnel donné, pour répondre aux exigences de l'organisation. L'analyse des connaissances explicites et tacites permet de déterminer comment la compétence collective d'une équipe se structure et se développe.

On considère souvent que, en entreprise, environ 80 % des connaissances sont tacites. La différence entre le tacite et l'implicite est parfois difficile à cerner. Un enfant sachant faire du vélo ne peut expliquer pourquoi le vélo tient debout quand il roule. Pourtant, il le sait puisqu'il monte dessus. Le savoir jusqu'à l'enfourcher est explicite. Savoir pourquoi et comment il tient debout est une connaissance implicite ou tacite, même si cette connaissance pourra aussi devenir explicite[1].

---

1. VERMERSCH P., *L'entretien d'explicitation*, Toulouse, ESF, coll. Pédagogies, 1994.

La connaissance s'acquiert. Lorsqu'elle est implicite, elle peut être montrée ; la connaissance explicite, elle, peut être démontrée, exposée et expliquée. Elle s'évalue facilement. Les QCM et autres modes d'évaluation permettent de connaître rapidement un niveau de connaissance acquis.

La connaissance peut aussi être déclarative, relative aux faits, ou procédurale. Connaître un numéro de téléphone est une connaissance déclarative, savoir le retrouver sur le Minitel est une connaissance procédurale. Les connaissances déclaratives sont relatives aux faits alors que les connaissances procédurales sont relatives aux règles et opérations pour atteindre un but. Savoir que les automobiles utilisent un carburant est une connaissance déclarative, savoir régler un allumage est une connaissance procédurale. Les unes renvoient plutôt à la notion de savoir, les autres à la notion de savoir-faire. Cette distinction entre savoir procédural et savoir déclaratif est très utile en informatique, notamment pour bien discerner ce qui est stocké, déclaré au sein des bases de données, des procédures qui permettent d'y arriver.

La performance

L'origine du terme de performance est anglo-saxonne : en anglais, ce mot est plus facilement associé au domaine du spectacle qu'à l'exécution d'un contrat. En français, la performance est connotée d'accomplissement et de succès, dès lors, elle est recherchée. Les premières distinctions entre compétence et performance remontent sans doute aux analyses du linguiste N. Chomsky[1], qui établissait une distinction fondamentale entre la compétence linguistique, assimilée à la connaissance de la langue en situation, et la performance linguistique effective, l'usage de cette langue dans cette même situation.

---

1. CHOMSKY N., *Aspects de la linguistique syntaxique*, Paris, Le Seuil, 1971.

Dans une entreprise, la performance varie selon la façon dont l'organisation définit la réussite dans un métier. Elle est l'expression de la compétence dans un contexte déterminé et le fruit essentiellement de l'interaction entre la compétence, la motivation et le contexte de travail, que le formateur et l'action de formation devront traduire en actes.

Cet éclairage est important car il montre bien les différents leviers sur lesquels il est possible d'appuyer pour améliorer une performance : la formation, la communication, la rémunération… l'entreprise ayant pour vocation de valoriser les compétences dont elle dispose, pour développer et accroître ses performances.

Les compétences d'une caissière de supermarché peuvent être nombreuses et constantes. Ses performances en caisse varieront d'un jour à l'autre en fonction de sa place, de son humeur, des clients, du management ou de son tapis de caisse… En entreprise, la performance serait ainsi l'expression de la compétence mise en œuvre dans un contexte précis nécessitant l'adaptation. Cette analyse un peu simple montre toutefois que la formation n'est pas le seul levier pour accroître les performances.

Pour une activité donnée, la performance dépend de la compétence d'un individu mise en pratique dans l'activité et de la dynamique de l'ensemble. Et la performance d'une organisation est davantage que la somme des mises en actes des compétences des personnes la composant. Dès lors, la compétence collective repose plutôt sur une certaine alchimie commune, un code plus un langage communs, ensemble symbolique de signifiants et de signifiés, et une volonté de coopération.

Lorsque la compétence collective est présente avec ses diverses composantes, il faut aussi en attester. Il ne suffit plus alors de former, il faut reconnaître les acquis et communiquer les résultats selon une démarche qualité : dire ce que l'on va faire, faire ce que l'on a dit, et le montrer. La troisième partie de ce livre détaille cette approche. L'effort d'évaluation n'est complet que s'il s'accompagne d'une réelle prise de responsabilité et que tous, dans une logique d'entreprise étendue, peuvent le constater. La formation était envisagée par la loi de 1971 comme un moment entre deux états du salarié : la situation acquise et la situation requise. La feuille d'émargement n'est pas le seul document qui atteste de ce passage. L'évaluation fait aujourd'hui partie du dispositif de la formation professionnelle continue des salariés d'entreprise. Aucune action, aucun moment de formation ne sauraient donc être conçus sans en envisager simultanément l'évaluation. C'est durant la conception que ce processus évidemment nécessaire devra être envisagé (… même s'il faut attendre la troisième partie de ce livre pour traiter complètement de cet aspect !).

Les présupposés largement partagés concernant connaissances, compétences et performances étant explicités, il est alors possible d'engager une véritable analyse des besoins et de mettre en œuvre l'ingénierie de la formation.

Concevoir une action de formation, c'est s'inscrire dans l'ingénierie de formation

L'ingénierie est une activité d'analyse, d'anticipation et de projection, conduite dans quelque domaine que ce soit. Selon le mot d'A. Comte, il s'agit de « savoir afin de prévoir pour pouvoir ». Tout commence donc avant l'action… car le projet anticipe le jet. Penser avant de faire, concevoir avant de produire : c'est la phase d'ingénierie. Présente en formation, elle revient aux concepteurs des actions de formation.

L'approche de G. Le Boterf sert souvent de référence aux responsables de formation pour parler d'ingénierie. S'appuyant notamment sur les travaux de F. Vialet, G. Le Boterf présente l'ingénierie de formation comme un ensemble coordonné de travaux de conception et de réalisation des systèmes de formation[1]. Il distingue les travaux d'ingénierie finalisés sur les grands systèmes comme le plan et les travaux d'ingénierie centrés sur les micro-systèmes. Cette définition permet de poser le plan de formation, document contractuel de l'entreprise, comme une frontière entre l'ingénierie du plan et l'ingénierie des actions de formation. L'ingénierie du plan de formation relève de ce qui ne peut pas vraiment être externalisé et qui sera donc conçu et réalisé en interne sur le modèle des fiches qui suivent.

Deux approches orientent significativement la conception des actions de formation : l'approche par les compétences et l'approche didactique. L'une se centre sur les apprenants, l'autre, sur les contenus.

> *L'approche compétences*, plus globale, a souvent pris le pas sur la formation. G. Le Boterf la définit ainsi :

« Cette approche allait me conduire à élargir et modifier assez considérablement la notion d'ingénierie de la formation. Cela se traduit par le passage d'une ingénierie de la programmation à une ingénierie du contexte. Ce que signifiait un schéma directeur, c'était que la production des compétences ne relevait pas seulement d'une ingénierie de la formation mais d'une ingénierie beaucoup plus globale où de multiples facteurs devaient concourir[2]. »

> *L'approche didactique*, elle, est issue de l'analyse des champs de connaissances et permet d'adopter une perspective constructive. La didactique est une discipline naissante. Elle est utilisée dans l'enseignement, où l'on parle assez communément de didactique des maths, du français… Les approches didactiques ont permis de se focali-

---

1. LE BOTERF G., *L'ingénierie et l'évaluation de la formation*, Paris, Éditions d'Organisation, 1996.
2. LE BOTERF G., *L'ingénierie des compétences*, Paris, Éditions d'Organisation, 1999.

ser sur le contenu des connaissances à transmettre. En formation professionnelle, elles réfèrent aux situations de travail.

Les apprentissages ainsi conçus et organisés découlent de situations problèmes et, plus concrètement, des démarches de résolution engagées par les apprenants. Ces dernières ne se conçoivent donc en formation qu'en référence à un collectif et aux situations de travail. Cette approche constructiviste permet d'enrichir l'ingénierie pédagogique d'une action de formation, qui procède alors en trois temps[1] :

- l'analyse de la tâche professionnelle pour en extraire une série de situations problèmes ;
- la mise en scène didactique de cette situation ;
- l'intégration de la situation créée dans un dispositif global de formation.

Lors de la conception, ces deux approches, l'approche par les compétences et l'approche didactique, ne sont pas antinomiques. Dans les faits, l'analyse préalable des actions de formation permet de distinguer quatre niveaux d'appréhension :

- un niveau global, celui des compétences ;
- un niveau opérationnel interne, celui de la formation ;
- un niveau opératoire, celui de la pédagogie ;
- un niveau plus centré sur les contenus, celui de la didactique.

À ces quatre niveaux d'analyse correspondent quatre niveaux d'ingénierie : ingénierie des compétences, ingénierie de formation, ingénierie pédagogique et ingénierie didactique.

---

1. PASTRE P., « Requalification des ouvriers spécialisés et didactique professionnelle », in *Éducation permanente*, n° 111, juin 1992. PASTRE P., *Essai pour introduire le concept de didactique professionnelle. Rôle de la conceptualisation dans la conduite de machines automatisées*, thèse de doctorat, université Paris-V, 1992.

Ingénierie…	Acteurs	Production	Outils
…des compétences	DG, DRH	Stratégie ou schéma directeur	Analyse des besoins
…de formation	DRH, direction des services, RF	Plan de formation, dispositifs et cahier des charges	Référentiels de compétences
…pédagogique	RF et formateurs	Actions de formation Documentation formateurs	Progressions Grilles de programmation
…didactique	Formateurs et experts	Séquences de formation Documentation stagiaires	Références et notices

Figure 1. Quatre niveaux d'ingénierie en formation professionnelle continue

L'ingénierie des compétences ouvre sur la stratégie nécessaire à l'évolution des compétences individuelles et collectives de l'entreprise. Dans les faits, cette ingénierie ne repose plus seulement sur une analyse des besoins internes, elle s'appuie aussi sur de nombreux facteurs externes : les entreprises souhaitent par exemple mettre leur pratique de gestion prévisionnelle des emplois et des compétences au service de la compétitivité. Il s'agit alors de développer concrètement l'employabilité et la mobilité, la capacité à faire évoluer le « capital compétences » des collaborateurs en anticipant sur les besoins de l'entreprise, de son environnement et le marché de l'emploi.

Ce niveau d'ingénierie intègre globalement la direction générale, en associant la direction des ressources humaines. Il s'agit de définir une politique globale de conduite du changement et d'adaptation, incluant tout le volet social de l'accompagnement. Impliquant les rémunérations, la promotion de carrière, la mobilité…, le changement s'accompagne aujourd'hui d'une gestion globale des compétences. Le projet de développement et son ingénierie servent donc de guide à la mise en œuvre du projet d'évolution des compétences.

L'ingénierie de formation, ouvre, elle, sur le plan de formation. Ce niveau implique les partenaires sociaux et les prescripteurs. Elle associe directement sur le terrain les directions opérationnelles, la DRH et le responsable de formation. L'ingénierie de formation s'appuie particulièrement sur trois types de référentiels :

- *le référentiel emploi*, qui permet de caractériser l'emploi à tenir. Il est plus ou moins détaillé selon la finalité de la démarche. Dans le cadre d'une démarche de développement des compétences, il sera essentiellement centré sur les activités à réaliser ;
- *le référentiel de compétences*, qui permet de faire le lien entre l'emploi et la formation nécessaire. Il est essentiellement centré sur les compétences techniques et les compétences transversales à maîtriser pour tenir le poste ;
- *le référentiel de formation*, qui permet de construire les programmes de formation à suivre. Il est essentiellement centré sur les objectifs pédagogiques à atteindre en vue de développer les compétences nécessaires pour l'emploi. Le référentiel de formation sert à l'élaboration du plan de formation et à la préparation des actions de formation.

L'ingénierie pédagogique structure les actions de formation. Ce niveau implique plutôt les formateurs, en liaison avec les DRH et les experts. Chaque action est structurée dans ses grandes parties… Il ne s'agit pas encore de rentrer dans une démonstration, mais, contenus et progressions ayant été arrêtés à la phase précédente, d'organiser la succession des séquences et leurs enchaînements.

L'ingénierie de formation permettra de définir l'itinéraire pédagogique, aussi appelé scénario, conducteur, macro… : c'est la description du parcours pédagogique que va réaliser chaque apprenant au cours de l'action de formation. À ce stade, on qualifie les progressions en définissant le but du module et les objectifs pédagogiques. Il convient ensuite de choisir une méthode pédagogique pour atteindre chaque objectif.

L'ingénierie didactique, enfin, est nécessaire pour préparer la transmission d'une partie spécifique d'un programme. L'instrumentation est déterminante à ce niveau : quels sont les outils, les supports nécessaires à la transmission et la construction des compétences formulées en termes d'objectifs et donc de « capacités à » ? L'ingénierie didactique conduit à concevoir, selon des scénarios établis, des sessions ou séquences de quelques heures. Ce niveau implique des experts aux côtés des formateurs.

Trois axes d'ingénierie transverses

Dans tous les cas, l'ingénierie en formation professionnelle continue engage une responsabilité collégiale du management : la direction générale, les directions opérationnelles, la DRH et le responsable de formation, lorsqu'il existe. En effet, dans les entreprises, pour monter des actions de formation, il ne suffit pas de prendre en compte les quatre niveaux que nous venons de présenter, il convient d'y ajouter également trois axes transverses : l'ingénierie documentaire, l'ingénierie financière et l'ingénierie de contrôle.

L'ingénierie documentaire traverse les quatre niveaux et donne lieu à une production. Chaque niveau d'ingénierie se trouve concrétisé et matérialisé par la production de ses documents :

- l'ingénierie des compétences donnera lieu à la production des *documents d'orientation* ;
- l'ingénierie de formation permettra de produire et communiquer aux salariés le *plan de formation* et tous les documents permettant le contrôle individuel et collectif ;

- l'ingénierie pédagogique donnera lieu à l'édition du *guide animateur* ;
- l'ingénierie didactique concevra le *livret du stagiaire*.

L'ingénierie financière permet, elle, de prévoir, d'attribuer et de gérer les investissements et les budgets alloués à la formation. Ce sont en effet de grandes masses financières que les salaires des stagiaires en formation, les déplacements et l'hébergement, les frais pédagogiques…

L'ingénierie de contrôle est nécessaire, car chaque niveau d'ingénierie doit aussi être associé à un processus d'évaluation et être mis sous assurance qualité (ce dernier axe sera plus particulièrement détaillé au dernier chapitre).

Concevoir une action de formation, c'est suivre une méthode par objectifs

L'ingénierie de formation procède avec méthode, essentiellement dans une approche par objectifs… domaine encore très ésotérique ! De nombreuses taxonomies ont été progressivement développées, qui aident à conceptualiser, à se représenter et à évaluer l'action de formation. En 1956, B. Bloom et ses associés ont proposé une première taxonomie fondée sur les principes de l'apprentissage par conditionnement, inspirée des travaux de Skinner. Puis d'autres taxonomies ont été développées par J.-P. Guilford, W. French ou H. Simpson… Ces outils ont connu un fort engouement, et les formateurs les ont peu à peu intégrés sans trop s'attarder sur leurs différences ou leurs origines. Tout cela a fourni un véritable arsenal méthodologique et terminologique, parfois fécond mais souvent limitant. Les querelles de formateurs sur la définition des objectifs sont fréquentes, et finalement peu prolixes.

S'il n'est aucunement question d'alimenter un débat que les exégètes se chargeront d'entretenir, il convient néanmoins de définir quelques termes souvent employés dans ce cadre : les « finalités », les « buts » et les différents types d'objectifs.

Une finalité est « une affirmation de principe à travers laquelle un groupe social identifie ou véhicule ses valeurs » (D. Hameline). Elle fournit des lignes directrices à une politique de formation et « des manières de dire » au discours sur la formation.

Un but décrit les intentions d'une institution ou d'un programme de formation, appelées aussi parfois « objectifs institutionnels ».

Les objectifs stratégiques décrivent le ou les grands objectifs (qui concernent généralement un grand nombre de fonctions et de personnes) qu'une action de formation peut contribuer à réaliser. Par exemple, l'obtention de la certification qualité est souvent un objectif stratégique pour une entreprise et génère quasi systématiquement des actions de formation.

Les objectifs opérationnels (ou résultats attendus, bénéfices escomptés, effets souhaités) décrivent les évolutions d'indicateurs quantitatifs ou qualitatifs que l'on veut obtenir par la formation : réduction d'un taux d'erreurs ou de rebus, réduction de délais, réduction du nombre ou évolution qualitative des réclamations clients, diminution des accidents de travail, gains de productivité, homogénéisation de certains produits du travail par l'informatique, etc.

Les objectifs de formation, ou objectifs généraux, ou objectifs pédagogiques globaux, décrivent ce que les apprenants doivent être capables de faire ou de dire à l'issue d'une action de formation. Il s'agit plutôt d'une déclaration d'intention, qui traduit le résultat attendu à la suite d'une action donnée, dictée par une priorité. C'est en général un énoncé global et vague : conduire une analyse de besoins en formation ; améliorer la sécurité par une meilleure prévention, etc.

Les objectifs pédagogiques partiels formulent une capacité attendue et observable et/ou mesurable (en cours ou à la fin de la formation). L'objectif doit être suffisamment précis pour éviter toute interprétation et doit pouvoir être évalué à l'aide d'un système simple. D'un point de vue pratique, l'objectif pédagogique doit être rédigé sous la forme : « À la fin de la formation, le stagiaire sera capable de … + verbe d'action + description précise de l'activité à réaliser ». Un objectif pédagogique décrit donc le résultat attendu d'un apprentissage, c'est-à-dire ce que fera le stagiaire pour prouver qu'il a appris et le résultat concret que le formateur attend au terme de l'apprentissage.

Dans les faits, si l'apprentissage doit traduire une capacité démontrée par un acte observable, les points clés qui caractériseront l'utilité et la clarté d'un objectif seront :

- déterminer et énoncer l'objet sur lequel portera l'action ;
- utiliser un verbe qui traduit l'action de façon univoque ;
- décrire de façon précise l'environnement et les conditions de réalisation de l'action attendue (moyens) ;
- fixer les critères d'acceptation de la réalisation (évaluation).

La méthode d'ingénierie par objectifs est certainement la plus répandue auprès des concepteurs et ingénieurs en formation. Lorsqu'elle ne donne pas lieu à des diatribes dans la fin sur la forme des objectifs, elle s'avère efficace dans certains environnements. Toutefois, cette méthode conduit vers une directivité forte, où l'apprentissage est un peu vécu comme un conditionnement. Par ailleurs, elle est souvent décriée, en production industrielle, car souvent utilisée pour augmenter la productivité sans tenir compte du salarié.

De surcroît, l'imagination et la créativité ne sont sans doute pas stimulées par ces techniques par objectifs. Enfin, elles s'appliquent bien à du collectif ou du semi-collectif mais sont sans doute moins appropriées à un suivi individuel, qui réclame une forte flexibilité. G. Malglaive[1] synthétise toutes ces critiques dans

---

1. MALGLAIVE G., *Enseigner à des adultes,* Paris, PUF, 1990.

différentes publications : il reconnaît que la pédagogie par objectifs constitue un réel progrès par rapport au modèle dominant de l'enseignement de type scolaire, mais il dénonce son origine comportementaliste et son inopérationnalité « être capable de … ne dit rien de la capacité de ce qu'il faut savoir pour agir », qui la rendent inadaptée aux conditions socio-économiques actuelles et peu propice à la mise en œuvre des dispositifs de formation.

Fortes de toutes ces critiques, de nombreuses variantes de la méthode par objectifs ont été peu à peu déclinées pour endiguer cette trop forte pression du formateur sur les apprenants et les injonctions du type : « Soyez autonome ! » Les formateurs et concepteurs ont inventé de nombreuses adaptations conceptuelles pour mieux impliquer les apprenants. Ces méthodes se révèlent particulièrement efficaces et pertinentes en formation de formateurs.

Quoi qu'il en soit, ces outils et techniques existent, ils permettent concrètement à des communautés de formateurs de développer des actions de formation. En formation, les outils d'aide à la conception assistée par ordinateur s'appuient presque systématiquement sur cette méthode par objectifs. Il faut donc bien reconnaître que c'est un standard de la conception. Aujourd'hui, quel que soit son positionnement, le concepteur d'actions de formation ne peut ignorer ces méthodes même si chacun doit encore bâtir le bon compromis entre ses propres outils de création et ceux qui sont communément admis et utilisés – qui vont être exposés par la suite.

Former des adultes

1 ➜	Cadre général de l'ingénierie de formation
2 ➜	Motiver un adulte en formation
3 ➜	La motivation au départ... et à l'arrivée
4 ➜	Comment un adulte apprend-il ?
5 ➜	Analyser une demande de formation
6 ➜	Des réponses pour le développement des compétences
7 ➜	Définir les besoins de formation
8 ➜	Identifier la population cible

Cadre général de l'ingénierie de formation

fiche 1

Préparer

En formation des adultes – on devrait d'ailleurs dire « andragogie » –, chacun est initialement placé face à son ignorance. Le formateur va aider à dépasser ce stade en anticipant. Pour ce faire, plusieurs étapes sont à engager successivement lors de la conception d'une action de développement des compétences :

- analyse et recueil des besoins ;
- recueil des ressources disponibles et des contraintes ;
- analyse des publics cibles.

Deux approches s'opposent alors pour la construction des progressions : celle par les contenus ou celle par les objectifs :

- construction d'une progression d'objectifs ou de contenus ;
- mise en regard soit des objectifs, soit des contenus.

Concevoir une progression pédagogique à partir des objectifs
Définir l'objectif global du module
Définir les objectifs intermédiaires nécessaires pour atteindre cet objectif global ; chaque objectif intermédiaire correspond à une séquence
Déterminer les contenus nécessaires à chaque objectif intermédiaire
Choisir une méthode pédagogique pour chaque objectif intermédiaire

© Éditions d'Organisation

Motiver un adulte en formation

fiche 2

Un adulte en formation est motivé s'il est sécurisé et s'il peut devenir un véritable acteur plein et entier de sa formation en se sentant valorisé. Partant de ce principe général, une formation doit d'abord :

- *Sécuriser* les stagiaires, tant matériellement que psychologiquement. Il faut les rassurer sur les conditions de déroulement du stage et sur la pertinence de leur présence dans ce stage. Cette sécurisation intervient dès le démarrage, même si elle doit être confirmée tout au long du stage.

- *Permettre à chaque apprenant de devenir acteur* de sa propre formation. En effet, plus les stagiaires seront actifs, plus ils mémoriseront le contenu du stage. Les stagiaires doivent donc être acteurs tout au long du stage. Il convient toutefois de respecter des variations d'intensité dans la journée (cf. fiche 14) et d'apprécier le rythme biologique du groupe. Il s'agit pour le formateur d'impliquer les stagiaires, qui ne peuvent atteindre l'objectif pédagogique que s'ils se sentent concernés par le contenu du stage. L'implication intervient dès le début de l'action de formation, pour que les stagiaires « entrent » dans la formation, et elle dure jusqu'aux dernières minutes, pour qu'ils mettent en œuvre les compétences acquises.

- *Valoriser les participants* lors de leurs interventions. Les stagiaires doivent s'exprimer : en rattachant le contenu de la formation à leurs expériences vécues ou à leurs connaissances, ils le retiendront et l'intégreront. Dans le cas contraire, ils se contenteront d'empiler des connaissances qu'ils oublieront fort vite. Si l'on souhaite que les stagiaires s'expriment, il faut que ces interventions soient vécues non comme une contrainte ou un jugement mais comme une reconnaissance de leur expérience et de leurs savoirs. Cette valorisation intervient dès le début du stage par l'intérêt que porte le formateur aux stagiaires, et dure tout au long du stage, par la réaction attentive face à leurs interventions.

Un adulte est motivé par la formation s'il est volontaire pour se former, s'il a conscience de pouvoir réaliser un projet personnel ou professionnel grâce à la formation. Mais la formation ainsi vécue aura aussi des répercussions sur ses attentes face au projet personnel qu'il cultive. Dès lors, le contrat tripartite doit être explicite (figure 2).

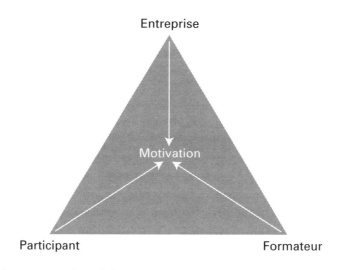

Figure 2. L'équilibre de la motivation en formation

Distinguons l'explicite de l'implicite dans les motivations de l'adulte en formation…

- l'explicite :
  - curiosité intellectuelle ;
  - volonté d'accroître sa confiance en soi, en l'équipe ;
  - désir de passer un bon moment en formation, de rencontrer d'autres professionnels ;
  - gagner plus, changer d'échelon, obtenir une promotion, éviter d'être déqualifié…
- l'implicite :
  - se prouver à soi-même et aux autres sa valeur ;
  - « se situer » par rapport aux autres ;
  - trouver un endroit où l'on fasse attention à soi…

… ce qui permet de distinguer quelques freins à la motivation :

- risque et peur de l'échec ;
- honte de reconnaître ses lacunes ;
- méconnaissance des objectifs de la formation ;
- situation actuelle jugée satisfaisante ;
- pas d'espoir d'évolution ;
- peur du changement.

La motivation des stagiaires est indispensable à la pleine réussite du stage.

Le formateur doit chercher à repérer la motivation de chacun. Mais il ne peut pas motiver les apprenants malgré eux.

La motivation au départ... et à l'arrivée

fiche 3

Motiver un adulte en formation au démarrage du stage

Lors de la préparation du stage, il conviendra d'intégrer certaines précautions pour engager la motivation.

Pour sécuriser les stagiaires :

- Expliquer les conditions matérielles : durée de la formation, pauses, localisation de la machine à café…
- Expliquer la raison d'être du stage : présentation des objectifs du stage et du cadre dans lequel ce stage s'inscrit ; objectifs stratégiques et opérationnels (quelle est la responsabilité du formateur ?).
- Expliquer les règles de conduite du groupe : écoute, respect d'autrui, confidentialité…
- Créer une cohésion de groupe.
- Faire que chacun sache qui est dans la salle : présentation des stagiaires et du formateur.

Pour leur permettre de devenir acteurs :

- Faire parler les stagiaires lors de la présentation et valider le programme et l'objectif du stage.
- Utiliser des méthodes et techniques pédagogiques actives.
- Faire exprimer les attentes par rapport au stage.

Enfin, tout ceci sans oublier de les valoriser : écouter les stagiaires et reformuler ce qu'ils ont dit lors de leur présentation et de l'expression de leurs attentes.

Soutenir la motivation durant le stage

Au long du stage, il faudra veiller à ce que la motivation soit soutenue. Pour cela, à nouveau, le formateur peut aider :

Pour sécuriser les stagiaires :

- Valider le respect du programme et du timing prévu.
- Faire des synthèses partielles, préciser l'avancement du stage.
- Expliquer les éventuels supports (personnes ressources ou documents) dont les stagiaires disposeront après le stage.
- Évaluer la réponse du stage par rapport aux attentes et les acquis.

Pour leur permettre de devenir acteurs :

- Faire parler et laisser parler les stagiaires.
- Utiliser des méthodes et techniques pédagogiques actives.
- Demander aux stagiaires ce qu'ils vont mettre en œuvre.
- Utiliser des méthodes et techniques pédagogiques basées sur leur expérience et sur leurs savoirs.
- Faire s'exprimer les stagiaires sur la formation.
- Demander aux stagiaires les actions qu'ils vont mener suite à cette formation.

Tout en les valorisant…

- Écouter et reformuler ce que les stagiaires expriment.
- Demander aux stagiaires de compléter la formation par leur expérience personnelle.
- Remercier le groupe et les participants.

Comment un adulte apprend-il ?

fiche 4

Préparer

Apprendre, ce n'est pas répéter, c'est former et enrichir des concepts, c'est mettre à l'épreuve ses représentations pour pouvoir les adapter. Dans un champ de connaissances, le formateur doit donc aider les apprenants à passer d'une représentation empirique à une représentation fonctionnelle. Pour ce faire, il dispose d'un arsenal de méthodes et conserve à l'esprit certaines règles lors de la conception des actions de formation simple.

Un adulte apprend d'autant mieux qu'il peut classer, organiser, structurer ses connaissances par rapport à ce qu'il sait. Un adulte apprend donc plus vite et plus facilement dans un domaine qu'il connaît que dans un domaine qu'il découvre. La première fois, l'adulte découvre et s'étonne, la deuxième fois, il répète puis comprend, la troisième fois, il comprend et enfin retient !

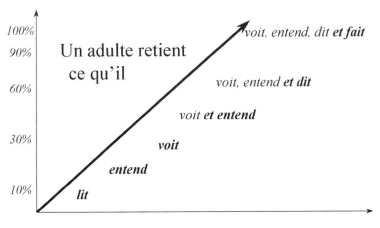

Figure 3. Ce que l'adulte retient

Un adulte apprend :

- s'il comprend, participe et agit ;
- si la formation est en relation directe avec son quotidien et son métier ;
- s'il comprend et intègre les objectifs pédagogiques ;
- s'il s'engage, communique, formalise et transmet ;
- s'il est reconnu et régulièrement évalué ;
- s'il se sent intégré dans un groupe en formation ;
- s'il est placé dans un climat de participation.

Le formateur doit donc :

- tenir compte des représentations et des prérequis ;
- montrer les applications pratiques ;
- présenter les savoirs à acquérir et les compétences à obtenir ;
- faire pratiquer ;
- revenir aux représentations des apprenants et les inciter à expliciter ; le formateur comprendra alors si des représentations fonctionnelles ont vraiment remplacé les représentations initiales ou si elles s'y sont simplement empilées ;
- annoncer le programme sous forme de schéma reprenant clairement les étapes ; utiliser un vocabulaire adapté au niveau et au métier des participants.

Lors de la préparation, le formateur a ainsi plusieurs tâches à accomplir :

> ▸ Il choisit des exercices et des exemples en relation avec la vie personnelle ou professionnelle des formés.

- Il prévoit du temps pour exprimer les attentes, annoncer les objectifs et démontrer le lien entre les deux. Annonce les objectifs de chaque module et de chaque activité.
- Il utilise des progressions pédagogiques structurées.
- Il crée des groupes de travail.
- Il favorise par toutes les activités envisagées la prise de parole et l'implication individuelle.
- Il se met à l'écoute de chacun et analyse le pourquoi des erreurs.

Analyser une demande de formation

fiche 5 — Préparer

On pourra par exemple s'efforcer de répondre à ce questionnaire, pour essayer de cerner les besoins de formation :

- Quelle est la situation de changement à l'origine du projet ?
- Quels sont les facteurs générateurs de la demande de formation ?
- Quel bénéfice de la formation est attendu ?
- Quel est l'objectif opérationnel de la formation ?
- Quels sont les indicateurs ou les faits significatifs qui prouveront que cet objectif est atteint ?
- Qui sont les acteurs à l'origine du projet de formation ?
- Quelle est la population que l'on souhaite former ?
- Quelles sont ses caractéristiques ?
- Aujourd'hui, quelles sont les activités des salariés visées par la formation ?
- À l'aide de quoi et avec qui ?
- Pour quels résultats ?
- Quels sont les savoirs de référence, les habiletés pratiques ou manuelles, les attitudes et comportements que cela suppose ?
- Parmi les savoirs et savoir-faire, lesquels sont déjà maîtrisés par les futurs formés ? Lesquels ne sont pas acquis ou imparfaitement ?
- Quels sont les autres facteurs dont dépend l'atteinte de l'objectif opérationnel : information, moyens, soutien de la hiérarchie, organisation du travail, etc. ?

- Quelles sont les contraintes à respecter, les ressources pouvant être utilisées : délai de réalisation, durée de la formation, budget, outils et locaux de travail et/ou de formation, documentation, experts, etc.
- Quels sont les intervenants et les experts mobilisables ?
- Au sein de quels dispositifs cette demande de formation va-t-elle s'inscrire : Plan I, II, III, professionnalisation ou DIF ?

Des réponses pour le développement des compétences

1- Apprendre par des expériences 70%	- Mission ponctuelle - Redéfinition des attributions et rôles - Projet impliquant plusieurs entités - Travail en binôme - Animation d'un groupe de travail
2- Apprendre par un feedback 20%	- Évaluation (EIA, 360°, DCM…) - Feedback - Retour d'expérience dans le cadre d'une mission - Coaching
3- Apprendre par la formation 10%	- Formation externe - Auto-formation (intranet, e-learning) - Lectures personnelles - Participation à des séminaires inter-entreprises

Figure 4. Situations d'apprentissage dans l'entreprise

Définir les besoins de formation

fiche 7

Préparer

Une action de formation est habituellement définie comme comblant un écart entre une situation acquise et une situation requise.

La situation acquise	La situation requise
Identifier le besoin qui a généré la demande de formation	Attentes et valeurs du commanditaire
Contexte général et valeurs de l'entreprise	Objectif de changement ou objectif d'entreprise
Nature du problème à traiter (description et conséquences)	Description des compétences que les agents devront mettre en œuvre en situation de travail
Intentions de changement (en quoi la formation peut aider à résoudre ce problème)	Indicateurs permettant de dire si les objectifs de changement sont atteints (critères de conformité, efficacité, pertinence)
Identifier les personnes concernées et les compétences à acquérir, entretenir ou améliorer	

Figure 5. Différentiel acquis requis

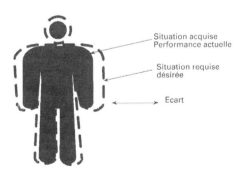

Certaines actions permettent de déterminer l'écart entre la situation acquise et la situation requise :

- Lister les besoins à satisfaire par la formation (établir un référentiel afin de pouvoir effectuer des mesures comparatives avant-après). Il s'agit de décrire la compétence visée pour réaliser l'activité professionnelle future. Il convient de ne pas oublier d'y associer les éléments d'information sur l'organisation du travail, l'environnement professionnel dans lequel s'opérera la situation souhaitée.
- Évaluer le niveau effectif de ce que maîtrisent les futurs stagiaires, les capacités et compétences effectives.
- Lister ce que la formation peut apporter pour résoudre le problème, seule ou associée à d'autres solutions. Quelles autres solutions : organisation, moyens, management… ? Avec quelle cohérence ?

Identifier la population cible

fiche 8

Préparer

On pourra par exemple s'efforcer de répondre à ce questionnaire, pour essayer de décrire la population cible de l'action de formation envisagée :

- Nombre de personnes à former
- Environnement professionnel
- Problèmes rencontrés dans le travail
- Répartition :
  - cadres/employés
  - qualifiés/non qualifiés
  - même service/services différents
  - hommes/femmes
  - même métier/métiers différents
  - âge
- Connaissance mutuelle :
  - Se connaissent-ils entre eux ?
  - Quel niveau de hiérarchie est à prendre en compte ?
  - Connaissent-ils les intervenants et les formateurs ?
- Niveau de savoir et de savoir–faire :
  - niveau d'expérience
  - niveau d'activité professionnelle
  - connaissance sur le sujet
  - connaissance du vocabulaire
  - formation initiale
  - parcours professionnel
  - besoins à satisfaire

- Comportement vis-à-vis de la formation :
    - risque de rejet
    - formations déjà suivies et résultats obtenus
    - attentes vis-à-vis de la formation
    - degré de satisfaction vis-à-vis de la formation
    - volontariat pour se former

Conception d'une action de formation

9 ➔ Concevoir une formation

10 ➔ Réaliser un cahier des charges

11 ➔ Élaborer des progressions pédagogiques

12 ➔ Choisir des méthodes pédagogiques

13 ➔ Les prérequis en formation des adultes

14 ➔ L'emploi du temps d'un groupe en formation

15 ➔ Le « découpage » d'un stage : le dispositif de formation

16 ➔ Le « découpage » d'un stage : l'action de formation

17 ➔ Le « découpage » d'un stage : le module

18 ➔ Le « découpage » d'un stage : la séquence

19 ➔ Le document d'organisation pédagogique

20 ➔ Formuler des objectifs pédagogiques

21 ➔ Composer un groupe

22 ➔ La dernière semaine avant un stage

23 ➔ La veille ou le matin même

Concevoir une formation

fiche 9

Concevoir une formation procède par étapes successives (cf. fiche 1). L'ingénierie de formation est la démarche qui va permettre de préfigurer l'itinéraire permettant aux apprenants de passer progressivement d'une situation acquise à la situation requise. Il s'agit d'élaborer un parcours de formation cohérent avec le public et la demande du commanditaire, et de faire en sorte qu'il soit efficace par rapport aux objectifs fixés et tienne compte des éventuelles contraintes (temps, matériel…) fixées par l'environnement.

Rubrique	Contenu
Buts de la formation	Rappel des objectifs de formation (en termes de compétences) tels qu'ils figurent dans le cahier des charges de l'action
Objectifs pédagogiques	Description des connaissances, capacités méthodologiques, capacités mentales, comportements à développer. Ces objectifs seront définis, dans la mesure du possible, en termes de comportements observables, critères de réalisation et conditions de réussite
Progression pédagogique	Enchaînement des modules de formation permettant d'atteindre les objectifs pédagogiques. Ces modules seront articulés en prenant en compte les facteurs qui favorisent l'apprentissage. Ils seront reliés à des progressions de contenus
Progression de contenus	Enchaînement d'éléments de contenu organisés suivant la progression. Ils sont à acquérir durant la formation et sont reliés à des objectifs pédagogiques

…/…

Rubrique	Contenu
Fiche pédagogique	Pour chaque séquence, rédaction d'une fiche indiquant : la définition de l'objectif, les prérequis relatifs à cet objectif, la production attendue des formés, les points clés du sujet à traiter, le scénario et les principaux outils pédagogiques (vidéos, études de cas…), les références techniques et réglementaires
Moyens d'évaluation	Modalités, supports, indicateurs des évaluations formatives (en cours de déroulement de l'action) et sommatives (évaluations finales de l'atteinte des objectifs pédagogiques)
Documentation	Documents pédagogiques ; documents techniques à l'usage du formateur ; documents à l'usage des formés avec spécification des moments et modalités d'utilisation

Figure 6. Rappel des éléments à réunir pour concevoir une formation

> Une formation sera organisée en quatre étapes : dispositif, action, modules, séquences

Réaliser un cahier des charges

fiche 10

Préparer

Une formation peut être organisée en interne ou sous-traitée. Dans les deux cas, le commanditaire devra émettre un cahier des charges à destination des prestataires et intervenants.

Rubrique	Contenu
Titre de l'action – code	Intitulé de l'action de formation
Contributions attendues de la formation	Exposé du problème que la formation doit contribuer à résoudre Précision du contexte de l'action, circonstances dans lesquelles survient l'action
Cohérence de l'action	Harmonie avec d'autres décisions ou opérations ne relevant pas de la formation (par exemple, formation à l'informatique en discordance avec le plan d'équipement des agents bureautiques)
Public concerné	Population(s) concernée(s) en référence à des activités, emplois, missions, niveau de formation préalable. Nombre de stagiaires et flux prévisibles
Prérequis	Niveau de connaissance et d'expérience nécessaire à l'entrée en formation
Positionnement dans un cursus	Place de l'action dans un parcours ou schéma de formation
Objectifs de formation	Effets attendus par le maître d'ouvrage en termes de compétences maîtrisées dans les situations de travail (qu'il s'agisse d'acquisition, d'entretien, de perfectionnement)
Conditions de réussite et de transfert	Éléments organisationnels, matériels, managériaux qui contribuent à la mise en œuvre des compétences

.../...

Rubrique	Contenu
Conditions d'organisation et de fonctionnement de l'action	Titre ou qualité des formateurs Dispositifs pédagogiques : démarche, méthodes, moyens, ressources, supports pédagogiques, conditions de mise en situation, conditions particulières
Modalités de suivi et d'évaluation	Modalités et formes d'évaluation des acquis, des transferts et des effets : évaluation formative/évaluation sommative Outils : questionnaires, cibles, abaques, exercices, observations...
Contenus de la formation	Thèmes, domaines qui seront travaillés pendant l'action de formation
Forme de validation des acquis (le cas échéant)	Attestations de suivi, certification interne ou externe (diplôme, titre...)
Maître d'œuvre responsable de l'action	Identification du service maître d'œuvre garant du niveau de qualité attendu par le maître d'ouvrage
Logistique et tarification	Modalités d'inscription (dates, interlocuteurs, procédures d'inscription). Accès au lieu de formation, accueil, restauration, hébergement...
Modalités de révision du cahier des charges	Périodicité et dates de mise à jour

Figure 7. Le cahier des charges de la formation

Élaborer des progressions pédagogiques

fiche 11

Contenus ou objectifs ?

Élaborer une progression consiste à assembler et à ordonner une succession de contenus ou d'objectifs pédagogiques selon un principe de construction. Deux approches sont envisageables :

- la première, très pratique, consiste à définir une progression de contenus puis à les assortir d'objectifs ;
- la seconde consiste à définir une série d'objectifs qui seront ensuite reliés à des contenus.

Ces deux approches divergent par leur sens. La première est plus pragmatique et matérialiste, la seconde, plus orientée vers les apprenants. Cette dernière emporte donc souvent la faveur des formateurs alors que les techniciens lui préfèrent la première. Quoi qu'il en soit, une formation doit être envisagée par rapport à des contenus à acquérir et des objectifs à réaliser…

L'élaboration des progressions de contenus et d'objectifs, leur décomposition en différentes étapes suggèrent ensuite le choix des démarches pédagogiques pertinentes pour diversifier les processus d'apprentissage.

Trois points à retenir pour la construction d'une progression

▸ Chacune des étapes a son importance dans la progression. Elle ne peut donc pas être remplacée. Chacune doit être considérée comme fondamentale pour la suite du processus.

▸ Chaque étape constitue un passage obligé qu'il convient de contrôler avant de progresser davantage : une évaluation intermédiaire à chaque étape doit donc être effectuée de manière permanente pour s'assurer de l'acquisition progressive des connaissances.
▸ Un élément de contenu et un objectif par étape.

L'ordre de la progression

- du général au particulier ;
- du concret à l'abstrait ;
- du connu à l'inconnu ;
- du simple au complexe ;
- du plus fréquent au moins fréquent ;
- alternance des techniques ;
- ordre logique.

> Dès la conception de la progression pédagogique, il faut définir les modalités de l'évaluation.

Choisir des méthodes pédagogiques

fiche 12

Préparer

Les méthodes pédagogiques choisies doivent correspondre :
- **au type d'apprentissage visé :**
  - savoir ;
  - savoir-faire ;
  - comportements ;
- **au niveau d'apprentissage voulu :**
  - découvrir ;
  - refaire ;
  - appliquer ;
  - transposer ;
  - innover ;
  - transmettre.
- **au dispositif :**
  - Plan I, II ou III
  - Contrat de professionnalisation
  - Période de professionnalisation
  - DIF…

Organiser la progression suivant des logiques explicites

- Je découvre, je formalise, j'applique ;
- Je regarde, je répète, je note ;
- J'explore, j'analyse, je déduis ;

- J'expérimente, je confronte, je théorise ;
- J'écoute, je note, je restitue…

Choisir les techniques pédagogiques

- qui servent le mieux la méthode choisie ;
- qui correspondent à l'importance relative du contenu de la séquence à traiter ;
- qui tiennent compte du temps disponible pour cette séquence ;
- qui tiennent compte de la façon dont ont été traitées les séquences précédentes ;
- qui facilitent l'assimilation et la mémorisation ;
- qui s'appuient plutôt sur l'individu, plutôt sur le groupe.

Une action de formation s'appuie sur un ensemble de méthodes et de techniques, organisées selon une stratégie pédagogique pour parvenir à faire acquérir de nouvelles compétences.

Les prérequis en formation des adultes

fiche 13

Préparer

La notion de prérequis est importante en formation des adultes. Le prérequis est ce qui est considéré comme nécessaire de savoir ou de savoir faire avant d'entrer en formation. Le prérequis doit être le plus explicite possible.

Certains vont même jusqu'à faire la différence entre le prérequis, qui pourrait être en voie d'acquisition par une remise à niveau avant une formation, et le pré-acquis qui constitue un critère discriminant à l'entrée en formation.

Par exemple, pour une formation bureautique standard, les prérequis sont :

- savoir allumer un ordinateur et démarrer une session Windows ;
- savoir utiliser un clavier et une souris ;
- connaître les principales fonctionnalités Windows.

Conseils pratiques

Il est conseillé de vérifier l'acquisition des prérequis par une évaluation. Cette évaluation peut être faite individuellement sous forme d'auto-évaluation ou sous toute autre forme.

Durant la formation, la notion de prérequis permet de s'affranchir de certaines connaissances ou compétences qui sont alors considérées comme acquises. Cette notion de prérequis permet aussi parfois de constituer des groupes plus homogènes.

Si l'on envisage que les prérequis puissent ne pas être atteints, il convient de mettre en place une formation dite de remise à niveau.

L'emploi du temps d'un groupe en formation

fiche 14

Préparer

9 heures – Le groupe se réveille

Il ne faut pas le brusquer. Le contenu doit être peu important et ne pas donner lieu à controverse. Une animation interactive du formateur est préconisée, il doit mettre les stagiaires en situation d'échange, de réflexion individuelle et d'action, en douceur.

De 9 h 15, 9 h 30 à 11 heures – Le groupe est à son niveau maximal d'attention

C'est à ce moment que le formateur peut apporter le maximum de contenu avec le maximum de chances de mémorisation.

11 heures – Le groupe a faim, il s'anime

L'attention doit être maintenue par un travail en sous-groupes.

12 h 30 – Le groupe a très faim, il dort ou devient agressif

Il est temps d'aller déjeuner, aucune autre information ne pourra être retenue par les stagiaires.

14 heures – Le groupe digère ou fait la sieste

Il est donc nécessaire de mettre les stagiaires en situation active en précisant strictement les consignes.

15 heures – Le groupe retrouve un peu d'attention

Le formateur peut faire des apports de contenu en utilisant une méthode active.

16 heures – Le groupe s'excite

Il y a risque de conflit, d'échange vif, nerveux voire agressif. Le formateur doit donc travailler sur des contenus sans enjeu ni controverse.

17 heures – Le groupe regarde sa montre

L'attention retombe, l'animation doit donc être attractive.

17 h 30 – Le groupe souhaite partir

Le formateur conclut.

18 heures – Fin de la formation

Statistiquement, le cycle de l'attention d'une personne varie de vingt à cinquante minutes ; les stagiaires ne pourront donc être attentifs plus de vingt minutes de suite si on ne relance pas leur attention soit par un changement de méthode soit en les mettant en situation d'acteurs.

Le « découpage » d'un stage : le dispositif de formation

Préparer

Un dispositif de formation est une succession d'actions qui permettent le développement des compétences. On peut imaginer faire alterner des formations en salle de type stage, des temps de travail à distance, des visites de site, des applications sur poste… La combinaison de ces éléments donne le dispositif de formation. Chaque élément est appelé action de formation.

Les dispositifs sont aussi parfois appelés cycles de formation. Ils sont organisés au sein du plan de formation dans des logiques de filières ou de cursus.

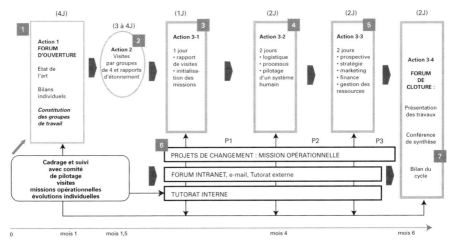

Figure 8. Exemple d'un dispositif de formation

Le « découpage » d'un stage : l'action de formation

Insérée dans un dispositif, une action de formation est une durée de formation organisée sur un même mode, présenciel ou à distance. L'action de formation permet d'atteindre un but. Elle est découpée en modules et en séquences.

Chapitre	Contenu
Avant-propos	Titre de l'action de formation Auteurs et commanditaires Origine du document Droits de reproduction, confidentialité Date de diffusion
Présentation de l'action de formation	Contexte, cible, objectifs, organisation Rôle du formateur relais
Présentation des supports	Principe de fonctionnement du kit Description des types de supports et de leur utilisation
Mode d'emploi du guide	Principes d'utilisation pour la préparation et pour l'animation
Préparation matérielle de l'animation	Planification ; équipements à prévoir ; disposition de la salle
Table des matières	Titre de chaque chapitre du guide Titres des modules et des séquences Pagination
Organisation des modules	Tableau synoptique : découpage de la journée de formation avec horaires

…/…

Animation des séquences	Par séquence : objectifs, durée, techniques pédagogiques, messages, supports, modalités d'évaluation Exercices et corrigés Documents d'animation (études de cas, jeux de rôle, etc.)
Liste des supports	Liste à cocher pour inventaire Nombre d'exemplaires à dupliquer pour les stagiaires
Annexes	Documents de référence Fiche d'évaluation, diplômes ou attestations Informations complémentaires

Figure 9. Données permettant la description d'une action de formation

Le « découpage » d'un stage : le module

fiche 17

Préparer

Pour atteindre les objectifs, il faut découper cette formation en grands thèmes successifs. Le traitement d'un grand thème se fait généralement dans un module.

1 grand thème de formation = 1 objectif pédagogique principal = 1 module

Pour traiter chaque grand thème de formation, il faut le scinder en une succession d'objectifs pédagogiques intermédiaires, c'est-à-dire en autant de séquences.

1 module = plusieurs séquences de formation

1 séquence = 1 objectif pédagogique intermédiaire

Il convient ensuite de répartir les séquences dans une journée de formation en fonction du temps disponible (cf. figure 10).

Jour 1	Jour 2	Jour 3
MATIN :	MATIN :	MATIN :
pause		
REPAS		
APRÈS-MIDI :	APRÈS-MIDI :	APRÈS-MIDI :
pause		

Figure 10. Organisation d'un stage

Le « découpage » d'un stage : la séquence

Pour atteindre l'objectif pédagogique intermédiaire de la séquence, il peut encore y avoir un redécoupage en sous-objectifs distribués dans des séquences.

1 objectif pédagogique intermédiaire = plusieurs sous-objectifs = plusieurs techniques pédagogiques

Quelques contraintes sont à respecter :

- rythme : pause toutes les 1 h 30
- durée optimale = 4 périodes d'environ 1 h 30, soit l'équivalent de 6 heures de cours
- résidentiel : possibilité d'échanger après dîner

Durée	Titre de la séquence	Objectif pédagogique À l'issue de la séquence, les participants seront capables de…	Méthode d'animation	Outils/ Supports

Figure 11. Organisation des séquences de formation

Le document d'organisation pédagogique

fiche 19

Préparer

À la suite du découpage en modules et séquences, il est possible de produire le document d'organisation pédagogique. Celui-ci est parfois appelé scénario pédagogique, macro ou guide d'animation. Il récapitule le déroulement de la formation de façon synthétique et chronologique. Ce document est souvent le premier qu'attend un formateur qui doit animer une action déjà conçue.

Projet de : Titre de la formation :				Objectif global de la formation : Destinée aux :		
Durée approxi-mative	Objectif pédago-gique partiel	Déroulement		Méthode pédago-gique	Outils	Supports pédagogiques
		Ce que fait l'animateur	Ce que font les partici-pants			
Évaluation :						

Figure 12. Grille d'organisation pédagogique

Formuler des objectifs pédagogiques

fiche 20

Préparer

Les objectifs pédagogiques sont la traduction opérationnelle d'une demande formulée en termes de contenu à acquérir. Les objectifs pédagogiques doivent être définis de façon à pouvoir vérifier dans quelle mesure la formation a permis de les atteindre. Ils doivent donc décrire avec le plus de précision possible les activités que les stagiaires seront capables de réaliser à l'issue de la formation, et non pas ce qu'ils seront censés savoir.

La définition des objectifs pédagogiques, c'est-à-dire le centrage sur les personnes et sur leurs capacités attendues après la formation, garantit que la formation soit un réel investissement pour l'entreprise. Elle favorise le choix de la réponse la plus juste au besoin de formation recensé. Elle permet également de guider le formateur dans le choix de sa méthode pédagogique.

Les objectifs pédagogiques doivent être formulés en termes de résultats attendus à l'issue de la formation et si possible en se plaçant du point de vue des stagiaires. Avant de les formuler, il est donc nécessaire de s'interroger sur :

- le savoir-faire nouveau que les stagiaires vont acquérir ;
- les comportements nouveaux dont ils devront faire preuve et comment ;
- les difficultés nouvelles que cet apprentissage va leur faire connaître.

Les objectifs pédagogiques doivent décrire un comportement attendu en fin de formation, observable et mesurable, ils s'expriment donc de la façon suivante :

« être capable de »

+

verbes exprimant des actions observables

+

critères de performance

+

conditions de réalisation

La définition des objectifs pédagogiques est une condition nécessaire et non suffisante de réussite. Mais elle ne doit pas constituer un obstacle insurmontable.

Composer un groupe

fiche 21

Préparer

Il est parfois nécessaire de composer des groupes dans une population de stagiaires à former. Le groupe doit être considéré comme un support à la formation. Il ne sera jamais homogène et jamais constitué d'individus tous semblables. De la diversité naîtra la richesse... mais peut-être aussi de l'éparpillement : il convient de trouver le bon dosage ! Le questionnaire suivant permet de répondre aux principales questions qui se posent alors (figure 13).

Questions à se poser	Suggestions
De combien de personnes sera constitué le groupe ?	Taille optimale : 8, 12 personnes De préférence, un nombre multiple de celui de vos sous-groupes
Le groupe sera-t-il homogène ou hétérogène ? Métier commun ? Activités communes ? Ancienneté ? Formation initiale/profil ?	En cas de groupe hétérogène, prévoir des applications propres à chaque type de situation professionnelle Équilibrer autant que possible pour éviter les minorités, difficiles à vivre
Des lignes hiérarchiques directes seront-elles présentes dans le groupe ?	Cette solution est intéressante pour mieux faire comprendre le rôle de chacun lors du lancement d'une nouvelle activité, par exemple. Mais, en règle générale, la situation d'apprentissage ne se prête pas à l'appréciation hiérarchique directe
Quel est le niveau de compétence et d'expérience du groupe ? Niveaux similaires ou différents ? Quelles compétences préalables ? Quelles expériences préalables ?	En cas de forte différence, favoriser le tutorat Encourager les témoignages des expériences, enrichissantes pour les membres du groupe

.../...

Quel est l'état d'esprit des participants ? Existe-t-il des freins ? Le sujet prête-t-il à controverse ? Les participants sont-ils volontaires ?	Un sujet « délicat » ou une formation « forcée » demande une mise à plat des problèmes en début de session, avec le repositionnement de la formation et du formateur en terrain neutre

Figure 13. Organisation d'un groupe en formation

fiche 22

La dernière semaine avant un stage

Assurez-vous que les stagiaires ont bien reçu l'information concernant le stage (programme, lieu, horaires…).

Vérifiez que vous pourrez disposer de tous vos éléments :

- la liste des participants ;
- la salle indiquée sur les convocations, invitations ;
- la disposition de salle que vous souhaitez ;
- tout le matériel en état de marche ;
- les supports d'animation complets ;
- les supports pour les stagiaires en nombre suffisant :
  - livrets stagiaires
  - grilles de travail
  - exercices et corrigés
  - études de cas
  - documents de référence

Préparer

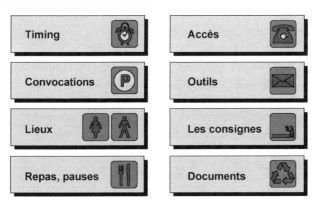

Figure 14. Derniers points à vérifier avant l'ouverture d'un stage

La veille ou le matin même

Si vous n'avez pu venir la veille pour tout préparer, prévoyez d'arriver sur les lieux environ une heure avant l'ouverture.

Préparez la salle.

Préparez des cartons de présentation sur lesquels les stagiaires porteront leurs prénom et nom.

Arrangez la salle : disposez les tables en fonction des techniques d'animation que vous allez utiliser.

Si la salle est trop grande, n'hésitez pas à n'en utiliser qu'une partie, de façon à créer une certaine proximité entre les participants et à être bien entendu sans avoir à forcer la voix.

Disposez tous les documents qui vous seront personnellement utiles dans l'ordre où vous en aurez besoin.

Préparez les documents que vous aurez à remettre aux stagiaires, également dans l'ordre de distribution.

Assurez-vous, si besoin, de la présence de tableau, tableau papier, feutres, rétroprojecteur…

Assurez-vous qu'il n'y a pas de gros problèmes perturbateurs : des travaux assortis de bruits de perceuse (elle est toujours présente !), des problèmes de climatisation, etc.

« Décorez » la salle d'objets pour la rendre plus agréable. Pensez aux aspects pratiques : papier, stylos, gobelets et bouteilles d'eau, etc.

Testez le matériel (si possible la veille, cela laisse encore le temps de réagir). Branchez-le et essayez-le.

23

Établissez une semi-obscurité à l'endroit de projection du rétroprojecteur pour que les stagiaires puissent lire facilement les transparents.

Réglez le rétroprojecteur (hauteur et mise au point).

Positionnez le départ de vos films vidéo.

Vérifiez que les marqueurs fonctionnent !

Les méthodes pédagogiques

24 ➔ Choisir une méthode pédagogique
25 ➔ L'exposé
26 ➔ La démonstration
27 ➔ Faire découvrir
28 ➔ La simulation
29 ➔ Questionnements

fiche 24

Choisir une méthode pédagogique

Habituellement, on distingue plusieurs niveaux d'apprentissage ou d'activité de formation : répéter, appliquer, transposer, innover, transmettre. En formation, il s'agit de ne pas se contenter d'atteindre les deux ou trois premières étapes. Pour arriver à terme, certaines études relatives à la rétention ou à l'utilisation et la transmission des connaissances montrent que les formations les plus efficaces sont celles fondées sur deux principes de pédagogie active : faire dire et faire faire.

Le choix d'une méthode pédagogique pour transmettre un contenu ou réaliser un objectif se fera donc en fonction de différents critères :

- le niveau initial des apprenants par rapport au sujet ;
- le type d'objectif pédagogique ;
- le respect de la cohérence entre la formation et la situation professionnelle ;
- le nombre d'apprenants, les lieux…

On n'utilise pas les mêmes méthodes pédagogiques pour former un groupe de cinquante apprenants à appliquer des consignes d'évacuation d'une tour et un groupe de six designers à l'utilisation d'un logiciel de CAO. Dans l'idéal, le choix d'une méthode pédagogique se fera donc en tenant compte de certaines contraintes :

- le temps alloué à la formation ;
- le nombre de participants ;
- le matériel à disposition ;

- le sujet de la formation ;
- l'homogénéité de niveau des participants par rapport au sujet…

Le choix des méthodes est fondamental pour que les contenus, savoirs, savoir-faire et comportements soient assimilés avec le maximum d'efficacité et de pérennité par les apprenants. Deux grandes familles de méthodes se dégagent habituellement. Si le tableau suivant (figure 15) les caricature un peu en poussant le trait, chacune a néanmoins ses avantages et ses inconvénients en fonction des formateurs, des contenus, des stagiaires, des groupes, des lieux, des cultures d'entreprise…

	Méthodes passives	**Méthodes actives**
Le formateur	Montre ou démontre	Met à disposition
Le stagiaire	Écoute et applique	Explore et comprend
Les locaux	Sont fermés	Restent ouverts
La documentation	Est une référence	Est une ressource
Le groupe	Norme	Accompagne
L'évaluation	Sanctionne	Incite

Figure 15. Méthodes actives/passives

L'exposé

fiche 25

Préparer

L'exposé fait partie des méthodes plutôt traditionnelles. Le formateur transmet des connaissances, un savoir. L'exposé est particulièrement utile à la transmission de connaissances et d'informations.

Les plus

Permet de transmettre un maximum d'informations en un temps court, prédéterminé ; ce qui facilite la gestion du temps. Le public est d'effectif illimité.

Les moins

Permet peu de retours. La mémorisation est réduite et se limite au court terme.

L'attention décroît rapidement (au bout de vingt minutes, généralement).

Attention, informer n'est pas former…

Conseils pratiques

Pour être réussi, un bon exposé doit être :

- *clair* : utiliser le langage des participants et expliciter les sigles et abréviations ;
- *structuré, progressif, logique* : en affichant un plan, en faisant régulièrement des synthèses partielles et en expliquant la logique de structuration de l'exposé ;

- *vivant* : réserver du temps de parole pour les questions des participants ;
- *court* : ne pas dépasser trente minutes ;
- *imagé, illustré* : par des exemples pris dans l'activité des gens et si possible en utilisant un peu d'humour… ;
- *outillé* : des représentations visuelles telles que des *slides* animés que tout le monde peut voir sont toujours bienvenues.

Un exemple

Transmettre des consignes de sécurité.

> Mieux vaut un bon exposé qu'une discussion enlisée !
> Mieux vaut une discussion riche qu'un exposé barbant !

La démonstration

fiche 26

Préparer

La démonstration fait partie des méthodes plutôt traditionnelles. Le formateur fait reproduire un geste, un savoir-faire, une technique précise. La démonstration est particulièrement utile pour la transmission de compétences.

Les plus

Permet un apprentissage efficace d'une technique précise dont certaines ne peuvent pas être explicitées (par exemple, faire du vélo). Le retour est immédiat.

La situation d'apprentissage est sécurisante et progressive pour le formateur et les stagiaires.

Les stagiaires s'expriment, agissent et expérimentent en la présence du formateur, qui peut intervenir le cas échéant.

Les moins

L'aspect dirigé peut déplaire, il faut donc alterner avec d'autres méthodes. Attention, l'alternance avec l'exposé n'est pas suffisante car le modèle est presque identique !

Conseils de réalisation

Plusieurs principes de réalisation à enchaîner et combiner : montrer, faire faire, faire expliciter, faire reproduire, aménager, échanger…

Prévoir des petits groupes d'effectif réduit. S'assurer d'une préparation minutieuse des progressions et du matériel.

Un exemple

Apprendre à changer une roue.

> Attention à l'utilisation répétée du cycle : exposé, démonstration, reproduction !
>
> Il est trop souvent utilisé car efficace mais pas unique !

Faire découvrir

fiche 27

Préparer

Faire découvrir est une méthode plutôt active. Les stagiaires explorent et découvrent par eux-mêmes un contenu. L'espace de formation aura été enrichi pour que les apprenants soient incités à aller vers le but.

Cette méthode est souvent utilisée dans le cadre des activités de formation effectuées sur site et accompagnées par un tuteur notamment dans le cadre de la professionnalisation.

Les plus

Les stagiaires sont acteurs, ils trouvent les solutions par et pour eux-mêmes. Ils sont impliqués et valorisés. Ils sont préparés à une plus grande autonomie dans l'action au-delà de la situation de formation. Cette méthode permet un réel ancrage de mémorisation forte et à long terme.

Cette méthode est conseillée pour toutes les applications créatives.

Les moins

Cette méthode est cependant coûteuse en temps. Par ailleurs, impliquant fortement les participants, elle peut être stressante. D'autre part, le risque est fort que certains apprenants passent à côté des objectifs. Enfin, en aucun cas, le formateur ne peut considérer que les stagiaires connaissent le contenu des connaissances à acquérir. L'exploration doit donc être orientée par des procédés, qui ne doivent pas pour autant être démagogiques. Il convient de soigner la préparation, l'explicitation et l'accompagnement.

Déconseillée pour toutes les applications où le risque de vie est en jeu.

Conseil pratique

La préparation sera longue, les consignes doivent être particulièrement claires et explicites, les buts et objectifs doivent être compris, pour permettre aux stagiaires d'apprécier la situation proposée, de résoudre le problème donné. La découverte s'adapte parfaitement à des travaux de groupe : on fera ici appel à une synergie de confrontation et d'explicitation entre les groupes. Le formateur doit rester parfaitement disponible comme ressource, animateur et coach.

Un exemple

Découverte et appropriation d'un lieu ou d'un nouvel espace.

La simulation

fiche 28

Préparer

Cette méthode consiste à faire comprendre un concept ou une organisation en la remplaçant dans le réel. Le stagiaire transfert l'exemple pour l'appliquer au réel. La simulation peut être étendue aux études de cas et jeux de rôles, qui font partie de cette famille de méthodes pédagogiques. À la différence des exercices, qui sont justes ou faux, les simulations sont intéressantes par le parcours et l'entraînement réalisés.

Les plus

La méthode est attrayante et limite les risques. La simulation facilite l'accès à un contenu théorique.

Dédramatisant et démystifiant le concept, elle facilite l'appropriation.

Conseillée pour toutes les conduites dynamiques, y compris celles de système : simulation de conduite auto-moto, d'avion, de destruction d'immeubles, d'explosion ou de fission de réacteurs nucléaires et de centrales atomiques, mais aussi de plans sociaux, de construction de villes, d'organisation…

Les moins

Attention aux transferts : sur un simulateur, on apprend à simuler ! Personne n'apprendra à faire du vélo sur un simulateur… Il convient d'utiliser les simulateurs pour comprendre les différents paramètres qui régissent la conduite.

La simulation est basée sur le subjectif, elle est donc fortement influencée par la culture propre des stagiaires. Elle n'est pas transposable d'un groupe culturel à un autre. Elle requiert une connaissance du dispositif qui met en scène la simulation pour en extraire les invariants transposables dans le réel. Enfin, il faut veiller à ce que les stagiaires ne puissent pas faire d'inférences inadéquates et prennent de mauvais réflexes.

Peu employée pour des formations jouant sur les émotions, difficiles à intégrer aux simulateurs.

Conseils pratiques

La simulation est partielle, elle ne clarifie qu'un aspect du problème traité, qu'un concept. Elle devra donc, dans le cours de la formation, être alternée avec d'autres méthodes.

La simulation étant basée sur l'association, il faut faire attention à ce qu'elle soit compréhensible de la même façon par tous, pertinente et positive.

> De nombreux simulateurs sont souvent employés dans une logique de découverte. Simuler n'est pas suffisant pour savoir faire.

Questionnements

fiche 29

Par un processus de questionnement et d'explicitation, par la rhétorique employée, l'apprenant peut découvrir progressivement des savoirs et savoir-faire.

Les plus

Ce système de questions-réponses implique fortement les apprenants, développe leur curiosité et les incite à interroger. Cette méthode développe l'explicitation et le regard critique. Les apprenants découvrent progressivement par induction et déduction les connaissances à acquérir. Pour cela, ils sont accompagnés dans leur processus de déduction par le formateur. Les connaissances acquises sont directement rattachées au socle de savoirs déjà acquis par l'individu et donc facilement intégrées par l'individu.

La méthode est vivante et permet la participation de tout le groupe. Les réponses apportées par les apprenants permettent d'évaluer au fur et à mesure la compréhension des apprenants. Le retour est immédiat et continu, à la fois pour le formateur et pour les stagiaires.

Les moins

La méthode est basée sur la participation, le groupe de participants ne doit pas avoir un effectif trop important.

Cette méthode peut être ressentie comme scolaire ou comme une manipulation très démagogique : pourquoi questionner lorsqu'on connaît la réponse ? C'est faire découvrir la roue ! Il convient donc de la manier avec précautions.

Conseils pratiques

Cette méthode est éprouvante, elle doit donc être utilisée de façon limitée dans le temps (environ vingt minutes) et le formateur doit veiller à faire participer tout le groupe.

Le questionnement doit être progressif et construit. Le formateur ne doit pas se laisser aller à faire lui-même le jeu de questions-réponses, il doit aider à formuler les progressions du groupe. Le questionnement doit donc être préparé et les points clés de la progression, rester visibles.

Cette méthode s'utilise souvent pour démarrer un sujet, ce qui permet à la fois d'évaluer le niveau initial des stagiaires et de les rendre actifs, pour relancer l'attention ou pour évaluer les acquis lors d'une évaluation intermédiaire clôturant une séquence.

Les supports pédagogiques

30 ➔	**Les supports pédagogiques**
31 ➔	**Choisir son support pédagogique**
32 ➔	**Vérifier son support pédagogique**
33 ➔	**La pertinence d'un support pédagogique**
34 ➔	**Les transparents**
35 ➔	**La vidéo**
36 ➔	**La documentation stagiaires**

Les supports pédagogiques

Dans la formation professionnelle, les supports pédagogiques sont les outils utilisés avant, pendant et après une action de formation.

Certains sont utilisés par les stagiaires, d'autres par le formateur ou les administrateurs de la formation. Ils sont des aides, des ressources, des soutiens. Même accessibles à tous, mis en ressources e-learning, ils ne remplacent jamais un réel dispositif de formation.

Ces moyens matériels sont utilisés pour faciliter la communication entre les différents partenaires impliqués dans le processus de la formation : formateurs, experts, administrateurs, apprenants…

Ils permettent :

- à l'animateur de structurer la formation et de faciliter son animation, en illustrant son propos, en attirant l'attention des apprenants et en les incitant à agir voire en les provoquant ;
- aux stagiaires de visualiser, de mémoriser, de clarifier ou de produire dans de bonnes conditions.

Les supports pédagogiques doivent permettre la compréhension et l'appropriation de la formation par l'apprenant. Ils doivent donc être adaptés à la méthode pédagogique et à la technique d'animation choisie, ainsi qu'au public visé. Les supports doivent être une aide pour le formateur et le stagiaire et non pas un poids. Ils doivent donc être facilement utilisables, clairs pour chacun et facilement accessibles.

Conseils pratiques

Choisir un support pertinent : le support doit apporter une plus-value qu'on sait définir en termes de force d'illustration, d'incitation ou de renouvellement d'attention.

Choisir un support cohérent : le support doit être cohérent avec la méthode employée et l'objectif pédagogique précis qu'il sert.

Choisir un support complémentaire : lors du choix du support, on doit se poser la question : « Et si je devais m'en passer ? », ce qui permet de prévoir une alternative en cas de panne… et donc de sécuriser l'animateur, de valider l'apport réel du support par rapport au support de substitution.

Chaque action de formation, module et séquence est accompagnée de supports.

Choisir son support pédagogique

fiche 31

Préparer

Deux grands types de supports peuvent être envisagés : les supports orientés animateur et les supports orientés stagiaire.

Support orienté animateur	Caractéristiques
Guide d'animation	Garantit un fil conducteur pour l'ensemble des sessions
Transparent	Soutient le discours (plan, synthèse, schéma, illustration…)
Affiche, photo, son, vidéo	Permet de montrer ou de faire entendre, dans la salle de formation, des objets, personnes, processus, événements « intransportables »
Tableau papier	Permet « d'improviser », de démontrer, de noter et de garder la trace pour y revenir le cas échéant
Tableau blanc	Mêmes caractéristiques que le tableau papier mais à vocation « éphémère »
Objet réel (ou reproduction ou maquette), formulaire, partie d'objet, échantillons, modèles réduits…	Complète un schéma. Concret, palpable, il matérialise l'explication, autorise des simulations (utilisation, montage, démontage, remplissage…)
Outil d'autoformation, EAO, K7 son…	Change la méthode. Permet à l'animateur de préparer la suite, mais en restant présent pour « dépanner »

…/…

Support orienté stagiaire	Caractéristiques
Livret de participation	Suit le fil conducteur de la formation. Document de travail et document de référence ultérieur
Objet réel (ou reproduction ou maquette), formulaire, partie d'objet, échantillons, modèles réduits…	Complète un schéma. Concret, palpable, il matérialise l'explication, autorise des simulations (utilisation, montage, démontage, remplissage…)
Mémo, mémento	Synthétise des points clés. Doit être utilisé pendant la formation si l'on veut qu'il soit réutilisé après
Outil d'autoformation, EAO, K7 son…	Permet, sur une partie courte et bien identifiée, de progresser à son propre rythme. Selon le support, peut être emporté après la formation pour piqûres de rappel, entraînements…

Figure 16. Supports formateurs/stagiaires

Vérifier son support pédagogique

fiche 32

Préparer

Support	Suggestions
Tableau blanc	À effacer à l'avance Prévoir des feutres effaçables à sec En cas de traces indélébiles, repasser dessus avec un feutre effaçable, puis essuyer au chiffon pour effacer l'ensemble
Tableau de papier	Écrire à l'avance les textes longs en caractères scripts minuscules accentués Utiliser des feutres de couleurs différentes (pour pouvoir mettre en valeur certaines parties) Dessiner à l'avance les schémas au crayon de papier (pour ensuite repasser au feutre sans problème de réalisation en direct) Repérer les pages préparées (Post-it)
Transparents	Repérer le sens de projection Ranger et projeter sous pochette spéciale pour rétroprojection Vérifier l'ordre chronologique Vérifier la puissance du projecteur
Diapositives	Vérifier l'ordre chronologique Mettre sous cache verre en cas d'utilisation prolongée ou répétée Tester le sens de projection
Vidéoprojecteur	Vérifier les connexions au micro ou au magnétoscope Vérifier si la définition est adaptée
Cassette vidéo	Caler la cassette Vérifier la compatibilité des matériels

.../...

Jeu pédagogique	Faire l'inventaire des éléments nécessaires au jeu
Guide animateur	Faire l'inventaire des supports pour l'animation Vérifier la reproduction en bon nombre des documents à distribuer (exercices, fiches d'évaluation…)

Figure 17. Utiliser un support pédagogique

La pertinence d'un support pédagogique

fiche 33

Préparer

Avant de concevoir votre support, vérifiez que votre choix est pertinent :

- Ce support contribuera à l'atteinte de quel objectif pédagogique ?
- Quel est le lien entre ce support et la réalité professionnelle de vos stagiaires ?
- Ce support est-il le mieux adapté à la technique pédagogique prévue ?
- Quel est le message prioritaire à véhiculer ?
- Quelle est la répartition d'apport de contenu entre ce qui est exposé dans le support et votre animation ?
- Quelle serait la solution de remplacement si ce support s'avérait inutilisable ?
- Quel est l'impact du support sur :
    - le temps de formation ?
    - le travail du formateur ?
    - le travail des stagiaires ?

Après l'utilisation du support, vérifiez qu'il est conforme et efficace :

- Les messages sont-ils clairement exprimés ?
- Les stagiaires ont-ils compris le sens de votre support ?
- La mémorisation du contenu des supports était-elle satisfaisante lors des évaluations ?
- L'utilisation du support s'intègre-t-elle parfaitement dans votre animation ?

- Les stagiaires ont-ils compris l'utilisation de votre support ?
- L'impact du support était-il conforme à ce que vous aviez prévu ?

Les cinq qualités d'un support pédagogique

- Le stagiaire s'approprie le document pédagogique.
- Le document pédagogique est adapté au public et au domaine de formation.
- Le document est lisible et compréhensible.
- Le document est facile à utiliser.
- Le document est évolutif.

Les transparents

fiche 34

Les transparents sont principalement utilisés comme appui à un exposé ou une démonstration, mais ils peuvent aussi être utilisés pour expliquer la consigne d'un exercice, pour synthétiser une séquence... Les diapositives (*slides*) vidéo projetées sont conçues selon les mêmes règles que les transparents, mais on peut y apporter une dimension supplémentaire : l'animation.

Préparer

Règles de conception

- Ne mettre que les points essentiels à mémoriser ou à comprendre, en quelques mots clés.
- Donner un titre à chaque transparent, prévoir différents niveaux de lecture.
- Utiliser des illustrations : dessins, graphiques... Simplifier les schémas pour ne garder que ce qui est directement utile.
- Homogénéiser les textes et la charte graphique.
- Écrire gros, gras et en minuscules accentuées, utiliser une police sans empattement (Helvetica, par exemple).
- Prévoir des niveaux de lecture (tabulations, points de couleurs, taille de la police...).
- Mettre les mots importants en relief (majuscules, changement de couleur...).
- Utiliser des couleurs contrastées : fond sombre, texte clair.
- Utiliser le format paysage (ou à l'italienne, en largeur, pour ne pas déborder au-dessus ou au-dessous de l'écran).

- Faire parler les chiffres.
- Choisir les présentations graphiques des chiffres en fonction de ce que l'on veut en dire.
- Simplifier les schémas : ne conserver que les aspects directement exploités par le commentaire.

La vidéo

fiche 35

La vidéo peut être utilisée en formation soit comme support de présentation d'une idée ou d'un témoignage, soit comme outil de démonstration. Elle est très utilisée dans l'industrie. Elle se développe aujourd'hui sous la forme de Web TV.

Conseils pour la conception

La vidéo doit être relativement brève et dynamique. Elle doit être séquencée et mettre en évidence les étapes clés. Elle doit permettre des arrêts sur image. Elle doit être réaliste par rapport à l'activité professionnelle.

La vidéo permet d'acquérir des connaissances de façon explicite et de visualiser des techniques, des savoir-faire et des comportements de manière immédiate.

Toutefois, elle demande un matériel important et induit un coût de réalisation élevé.

Aujourd'hui, certaines techniques informatiques permettent de réaliser des animatiques proches de la vidéo et les personnages virtuels mis en scène peuvent être performants.

La documentation stagiaires

fiche 36

Préparer

Les supports pédagogiques peuvent aussi prendre la forme de documents papier qui sont distribués aux participants au début ou durant la formation pour leur permettre de suivre la formation ou pour leur donner des éléments de référence.

La documentation doit être conçue en fonction du public destinataire. Bien préciser la fonction, la structure et l'apport de la documentation et vérifier que les documents sont bien compris.

Règles de conception : il existe deux grands types d'utilisation possible de la documentation stagiaires, comme fil conducteur de la formation ou comme document de référence.

La documentation stagiaires comme fil conducteur de la formation

La documentation stagiaires suit précisément la progression du stage. Elle reprend tous les exercices, études de cas, contenus apportés dans l'ordre de la formation.

Elle doit être claire et synthétique et aller à l'essentiel pour que les apprenants puissent suivre la formation sans être noyés dans l'information.

Ce type de documentation est distribué au début du stage pour permettre au stagiaire de suivre. Certaines parties peuvent éventuellement être distribuées durant la formation, au moment où elles sont réellement utiles.

La documentation stagiaires comme document de référence

La documentation stagiaires reprend ici l'ensemble des contenus abordés dans la formation de manière exhaustive. Elle est ordonnée par thème, par situation professionnelle et est organisée autour d'un glossaire ou d'un index précis afin que les stagiaires puissent, après la formation, entrer dans la documentation selon leur besoin.

Ce type de documentation peut être distribué soit au début du stage – et il faut alors expliquer précisément sa fonction –, soit en fin de stage, après avoir été présenté.

partie 2

Animer une action de formation

Animer une action, c'est s'inscrire dans le sens du changement et des évolutions

La formation enfin conçue, après lecture de la partie précédente, est prête. Un formateur va la réaliser. Mais avant de laisser l'animateur entrer dans l'arène du stage, avant de le lâcher dans le cénacle d'une action de formation, avant de le laisser se hisser vers l'olympe de la pédagogie des adultes, il convient de lui rappeler que la formation qu'il anime n'est pas le fruit du hasard… plutôt le signe d'une nécessité, car elle accompagne les changements stratégiques décidés par les directions de l'entreprise. « Accompagner le changement », c'est une devise de la formation. Certes, mais dans une juste mesure : en anticipant suffisamment le changement pour rassurer et conforter tous les acteurs. La distance prise est importante : il s'agit d'être ni trop en amont des changements, ni évidemment à la traîne.

La formation doit donc accompagner le changement… dans la continuité des entreprises. Certaines entreprises entrent parfois dans des logiques de rupture, comme lors de fusion ou acquisition, mais généralement le changement s'apparente plus à une évolution des systèmes de production ou de gestion. Il est même souvent possible de lier les deux dans les faits et dans l'action : changement et formation… D'ailleurs, certains dispositifs de formation proposent d'agir simultanément sur les organisations et sur les personnes qui les composent. Dans les faits, concrètement, il s'agit de se former pour travailler et réciproquement, de travailler en se formant ! En effet, l'expérience montre qu'il est réellement possible de réaliser une tâche en se formant. Allant au-delà, certains ont même été jusqu'à affirmer que seul l'exercice de la responsabilité était dans les faits vraiment formateur !

Plus les salariés sont impliqués et concernés, plus les dispositifs de formation sont performants. En effet, au cœur des relations de travail, la formation professionnelle des salariés est inscrite comme un facteur de performance économique et de développement personnel. Elle joue un rôle essentiel dans le dialogue social. Elle est source de progression professionnelle pour de nombreuses personnes. Si l'on admet le principe par lequel la formation permet aux individus de se développer et que des individus plus épanouis sont plus à même de faire évoluer les structures de l'entreprise, on reconnaît alors la place de l'individu comme acteur clé de la réussite de sa formation et des processus qu'elle anticipe.

Immatérielle et intangible, la formation est inscrite dans la mémoire et l'expérience de chacun. En termes de psychologie cognitive, elle forge la représentation que l'on se fait des processus ou des relations. Ainsi, les enjeux du développement de l'entreprise sont effectivement liés à la formation, laquelle prend alors toute sa valeur placée sous la responsabilité des formateurs qui doivent la mettre en place.

Les dispositifs et actions de formation professionnelle ancrent le développement des compétences dans le processus de travail et dans les transformations organisationnelles. Ils mobilisent les acteurs grâce à la prise en compte de leur mode d'interaction, et grâce à la représentation qu'ils se font d'eux-mêmes et de leurs collègues. La formation professionnelle continue des salariés de l'entreprise est l'un des lieux privilégiés de la fusion entre le salarié et l'efficience de son action sociale au sein de l'entreprise. Le formateur, professionnel de l'accompagnement quel qu'il soit, doit assumer pleinement et en cohérence ce postulat.

L'animateur, le formateur et tous les intervenants vont devenir les ambassadeurs de ces changements. En effet, il n'y a pas de véritable changement sans formation appropriée. D'ailleurs, P. Caspar[1] note :

---

1. CASPAR P., « Formation des adultes : quelques tendances lourdes et des faits probablement porteurs d'avenir », in *Éducation permanente*, n° 127.

« Les problèmes posés à la formation sont de moins en moins des problèmes de formation. Non parce que l'idée même de formation est moins présente. Au contraire, on l'évoque ou on la convoque à tous moments pour résoudre tous les problèmes ou pour réparer les insuffisances ou les manques d'anticipation dans tous les autres domaines. Mais la grande prise de conscience de ces dernières années est plutôt celle de la nature et de l'ampleur des enjeux auxquels la formation est associée, en tant que processus de préparation et d'accompagnement des changements, voire en tant que facteur d'émergence des ruptures ou des cultures nouvelles. »

Animer une action, c'est s'inscrire dans le cadre de la formation professionnelle continue

La formation professionnelle est issue d'une véritable tradition et le concept de formation permanente n'est pas nouveau. Pour beaucoup, l'origine de la formation professionnelle remonterait à l'antiquité, pour d'autres les dessins sur les murs des grottes rupestres en seraient les premières manifestations. Mais à l'évidence, cette idée évolue au fil des siècles passant du compagnonnage au corporatisme. En France, le premier texte qui fait date n'est autre que ce « Rapport sur l'instruction publique » de Condorcet. Il imaginait déjà le principe de la formation continue estimant que : « l'éducation est le seul moyen de libérer les hommes de la pire des servitudes : l'ignorance ». Dans le plan d'instruction publique qu'il présente à l'Assemblée, il propose que l'instruction puisse « assurer aux hommes, dans tous les âges de la vie, la facilité de conserver leurs connaissances, ou d'en acquérir de nouvelles »… belle perspective que chaque formateur aura à cœur d'intégrer !

Depuis la Révolution, la législation sur la formation professionnelle continue n'a cessé d'évoluer. La loi sur la « Formation professionnelle continue », inspirée par Jacques Delors en 1971, devient le fondement principal à partir duquel va s'ordonner l'ensemble du dispositif de formation permanente en France. Dans cette loi de 1971, l'éducation permanente fait de la formation professionnelle continue une obligation. Le droit à la formation est reconnu sous la forme d'un congé. L'État, les collectivités locales, les établissements publics et privés, les associations, les organisations professionnelles, syndicales et familiales ainsi que les entreprises concourent à assurer cette formation professionnelle continue.

Impulsé par « le rapport Péry » de mars 1999 qui pointait les limites du système de formation reposant sur la loi de 71, la **loi du 4 mai 2004** introduit de nombreuses modifications de la formation professionnelle en France. Cette loi s'appuie sur la négociation collective en s'inspirant, pour une large part, de l'accord national interprofessionnel du 20 septembre 2003 « relatif à l'accès des salariés à la formation tout au long de la vie professionnelle », repris dans l'Accord national interprofessionnel du 5 décembre 2003. L'une des particularités de cette loi est de fixer le cadre général et de laisser à chaque branche et chaque entreprise le soin de préciser les modalités de mise en œuvre des nouvelles mesures.

Les principales modifications sont articulées autour du plan de formation, de la professionnalisation, du DIF, de différentes mesures concernant l'accompagnement et du financement.

Le plan de formation doit désormais être organisé autour de trois type d'actions :

- Type 1 : adaptation au poste de travail
- Type 2 : adaptation à l'évolution de l'emploi
- Type 3 : développement des compétences

Ces actions peuvent être organisées conformément aux modalités suivantes :

	Plan de Formation		
Type de formation	I. Actions d'adaptation au poste de travail	II. Evolution et maintien dans l'emploi	III. Développement des compétences
Période de formation	Formation sur le temps de travail	Formation hors du temps de travail possible	Formation hors du temps de travail
Rémunération	Taux normal	Taux selon période	50 % salaire net exonéré des charges

La professionnalisation : entrée en vigueur depuis le 1er octobre 2004, elle a pour objet de favoriser l'insertion ou la réinsertion (jeunes et demandeurs d'emploi), et le maintien dans l'emploi de certains publics (salariés en activité) en proposant à l'individu concerné une formation qualifiante ou diplômante. Elle se décline sous forme de contrat de professionnalisation et de période de professionnalisation. Le contrat de professionnalisation s'exécute dans le cadre d'une embauche d'un jeune de moins de 26 ans et d'un demandeur d'emploi en contrat de travail à durée déterminée ou indéterminée; alors que la période de professionnalisation constitue une « période » dans l'exécution du contrat de travail, lorsqu'elle est proposée à certains salariés en activité et en CDI. La période de professionnalisation s'inscrit davantage comme un outil de l'individualisation des parcours de formation, au même titre que le Droit Individuel à la Formation.

Le Droit Individuel à la Formation (DIF) est une véritable nouveauté mise en place par la réforme. Ce droit individuel à la formation n'est pas un droit à disposer mais un droit à négocier. Il permet aux salariés et à leur initiative, avec l'accord de l'entreprise, d'utiliser un quota de 20 heures de formation cumulables pendant six ans. La mise en œuvre du DIF relève de l'initiative du salarié, en liaison avec son entreprise. Le choix de l'action de formation suivie dans le cadre du DIF est arrêté, après accord formalisé entre le salarié et l'employeur, en tenant éventuellement compte des conclusions de l'entretien professionnel et des priorités définies par l'accord de branche ou d'entreprise. En fonction d'accords de branches ou d'entreprises, cette formation peut se dérouler dans ou hors du temps de travail.

Par la loi du 4 mai 2004, pour les entreprises de 10 salariés et plus, l'obligation légale de financement de la formation est fixée à 1,6 % de la masse salariale. Elle est répartie en 3 postes :

- 0,9 % pour la formation,
- 0,5 % pour la professionnalisation,
- 0,2 % pour les CIF,

Un contrôle peut être effectué par l'État ou délégué à l'OPCA, il porte sur la réalité et la validité des dépenses. Chaque entreprise doit justifier qu'elle a bien rempli son obligation légale de versement. Elle l'atteste par la déclaration fiscale 2483 adressée pour le 30 avril de chaque année aux impôts indirects. La conformité est prouvée par l'attestation de présence des stagiaires et une liste d'émargement quotidienne qui doit être conservée par l'organisme de formation. Chaque formateur aura a donc à cœur de retourner aux services compétents la liste d'émargement qu'il aura fait circuler durant la session.

Les évolutions du système de la formation professionnelle ne sont pas arrêtées. Elles continuent de faire évoluer dans le cadre législatif et conventionnel. En ce sens, les territoires prennent une initiative de plus en plus importante par l'intermédiaire des bassins, des collectivités et des régions. La veille sur toutes ces évolutions est une nécessité pour le formateur qui veut inscrire son action dans un cadre construit et cohérent.

Animer une action, c'est s'inscrire dans le marché de la formation

Le marché de la formation professionnelle continue existe. Il a été développé avec la loi de 1971. Quelques mots suffisent à le décrire : un marché de prescription à régulation paritaire... C'est dire sa complexité ! En près de trente ans, sous l'impulsion forte des pouvoirs publics et de l'État, ce marché de la formation professionnelle continue des salariés d'entreprises a néanmoins fini par prendre ses marques. Il est ouvert à des clients qui ne sont pas les utilisateurs finaux. Les clients sont les institutions, les usagers, leurs salariés. Les organismes de formation publics, parapublics et privés se partagent alors ce marché de la formation, estimé à près de 6,5 milliards d'euros. L'accès à ce marché est libre, sous réserve d'obtenir un numéro d'existence. L'offre de services est principalement organisée autour des contenus de formation.

En entreprise comme au sein des organisations, les changements sont plutôt technologiques, organisationnels et sociaux. Pour l'individu, ils sont d'abord cognitifs, affectifs et identitaires. Passer de l'individuel au collectif, du salarié à l'entreprise, nécessite une médiation socialisée. Elle en appelle donc à un formateur, un dispositif ou leur substitut : la construction du marché de la formation ne s'est pas faite sans la constitution d'un corps de professionnels qui lui est dévolu. Aujourd'hui, la profession formation est véritablement structurée et parfaitement reconnue. Elle n'a plus à convaincre de son utilité. Accepter de s'investir dans une formation, c'est aussi embrasser toute cette profession.

L'exercice du métier de formateur remplit ainsi toutes les conditions d'existence d'une réelle profession : la réponse à un besoin social à satisfaire, la possession d'un savoir-faire singulier aux résultats mesurables et la présence d'une éthique et d'institutions représentatives. Il n'existe aucune condition particulière pour devenir formateur ou dispensateur de formation. Chacun peut créer son propre organisme de formation, à moins d'avoir été condamné pour manquement à la probité, aux bonnes mœurs et à l'honneur. Plusieurs statuts sont utilisés par les formateurs en activité : indépendant, intervenant au sein d'un organisme de formation ou au sein d'un service formation d'une entreprise.

En entreprise, les trajectoires qui conduisent à occuper des fonctions de tuteur ou de formateur permanent ou occasionnel sont diverses, variées et surtout singulières. On constate souvent qu'occuper ces fonctions correspond à une période de transition entre des activités techniques accomplies et l'exercice d'une véritable responsabilité d'encadrement. Un bon technicien agent de maîtrise, par exemple, passera par la formation quelques années afin de savoir transmettre son expertise, avant d'intégrer réellement le management. Si la profession se structure, la fonction formation en entreprise ne constitue pas pour autant une entité homogène et aisément saisissable. Elle est structurée autour de trois types d'intervention : politique de type responsable de formation, qui élabore les stratégies au sein des structures publiques ou privées, conseil, qui assiste l'ensemble des partenaires, et pédagogique, qui conçoit, développe et réalise.

Aujourd'hui, cette fonction formation est en pleine diversification. Les bases de connaissances sont détenues et accessibles par les réseaux. Si le stage de formation en salle est encore le modèle dominant, le formateur doit intégrer les expertises complémentaires à la sienne et passer d'un rôle d'expert dispensateur à celui d'ingénieur et accompagnateur. En effet, il ne suffit plus de transmettre une expertise, il faut aussi vérifier qu'elle est exhaustive puis s'assurer que les stagiaires l'assimilent.

Animer une action, c'est s'inscrire dans l'éthique de la formation

Animer, c'est donner une âme. Animer une action de formation, c'est donc donner une âme à une action de formation. Ce qui est déjà animé ne peut pas être animé à nouveau, juste à la rigueur être réanimé. Alors, il vaut mieux savoir ce qui est inanimé dans la session de formation. Ceux qui sont déjà animés, ce sont les stagiaires. Il n'est donc pas question de les animer... Ce qui est inanimé, en revanche, ce sont les temps, les lieux, puis les contenus et les méthodes de formation. C'est ici que le formateur va devenir d'abord concepteur, comme cela a été décrit dans la partie précédente, puis véritable animateur de l'action de formation qui lui a été confiée. Pour effectuer sa tâche de formateur, il va animer les moments, les lieux et les progressions de la formation. Enfin, le formateur va tenir compte et intégrer la dynamique du groupe en formation qui résulte de l'ensemble de ces paramètres. L'animateur de la session de formation crée ainsi la dynamique de formation à partir des éléments qu'il va animer.

Animer le temps de la formation

Animer le temps de formation conduit le formateur à comprendre et intégrer l'ensemble du cadre temporel dans lequel s'inscrit l'action de formation. Une demande de formation est d'abord analysée, puis prise en compte et traitée dans une logique de gestion et d'administration du plan de formation. Ce délai, parfois long, entre l'émergence du besoin de formation et son traitement a un coût d'improductivité partielle car « la seule chose qui coûte plus cher que l'information, c'est l'ignorance des hommes[1] ». Lorsque la demande est traitée, sans rien précipiter, juste à temps, la formation accompagne progressivement

---

1. J. F. Kennedy.

le changement dans la durée. Si le temps de la formation n'est pas pris, le processus engagé n'est plus celui du changement, c'est-à-dire une succession d'événements maîtrisés et accompagnés dans le temps, mais une catastrophe !

Lorsque le temps de la formation est bien pris, il convient alors de constater que « le changement ne concerne pas le temps mais les phénomènes dans le temps » (Kant). Quelles que soient les législations concernant le temps de travail et celui de la formation, il ne s'agit donc pas de déformer le temps, mais de prendre le temps de former les salariés ainsi que leur maîtrise, leur capacité à comprendre et adapter des phénomènes et des process dans la durée. Les négociations sur le temps de travail comportent fréquemment un volet sur la formation. Le droit à la formation s'individualise et certaines formations sont parfois prises sur le temps personnel. Les négociations tendent alors vers la recherche de nouvelles formes de gestion du temps de formation du salarié – principalement celles qui se déclinent autour du co-investissement en formation. Cette tendance se trouve favorisée par le développement d'une offre de formation individualisée multimédia plus flexible. Dans ce cadre, les contrats de formation liant le salarié et l'entreprise sont individuels et les partenaires recherchent les conditions d'une plus forte mutualisation.

Il faut prendre le temps de se former. Or, une séquence temporelle de formation contient plusieurs variables qui interagissent : l'effort physique, la charge mentale, le stress, le plaisir, le risque relationnel, l'efficience probable, la capitalisation… Ces variables sont subjectives. Elles dépendent du contexte, des enjeux, de l'éducation, des mœurs, de la résistance physique, de l'entraînement mental, de l'intuition, de l'accès aux émotions… C'est alors que l'on éprouve réellement le temps de la formation. Et, comme toutes les durées sociales, le temps de la formation, celui d'un stage classique, par exemple, devient lui aussi bien relatif. Il est conditionné par l'amont et par l'aval. L'animateur de session de formation devra parfaitement maîtriser le déroulement de la formation pour savoir l'organiser. Dans les faits, la formation est constituée d'une succession de moments bien distincts, dont certains sont aisément caractérisables (cf. figure 18).

Le temps…	Actions à réaliser
… d'émergence du besoin de formation	Avoir envie d'évoluer
… de formalisation du besoin	Insérer son besoin dans les créneaux de l'offre
… d'acquisition	Découvrir et comprendre les connaissances requises
… d'organisation	Se rendre disponible pour organiser ses acquisitions
… d'appropriation	Passer de la théorie à la pratique
… de socialisation	Dire aux autres ce que l'on sait faire
… d'évaluation	Pouvoir arrêter de se former
… d'application	Savoir faire et faire faire
… de capitalisation	Transposer les acquis à d'autres contextes
… de l'innovation	Inventer de nouvelles pratiques

Figure 18. Succession des temps vécus par un stagiaire en formation

Animer le temps de la formation, en tenant compte de ces éléments, c'est savoir ajuster une séquence, maîtriser sa rhétorique dans le temps, avoir prévu un débordement et savoir jouer les arrêts de jeu ! La dynamique d'un groupe en formation obéit aussi à des cycles (cf. fiche 60, figure 31). L'animateur maîtrise non seulement le temps mais aussi l'espace de la formation. La formation peut être dispensée en salle, en extérieur, sur site, en visite, sur réseau… L'animateur va devoir enrichir ce milieu de formation pour en tenir toutes les composantes et gérer les aléas qu'il peut éventuellement présenter.

Le formateur est aussi le fidèle garant du temps limité de la formation, souvent calculé au plus juste. Comme tout enseignant, comme tout éducateur, tout acteur, il va donc devoir perpétuellement composer entre le « juste à temps » et le « tout parfait » : donner la parole, écouter dire, animer les échanges, mais aussi accélérer les déplacements pour passer à table, écourter la pause qui n'en finit pas, choisir de ne pas réaliser un exercice et clôturer un débat qui n'en finira pas de toute façon !

Animer des lieux ou un espace de formation

Un espace de formation est confié au formateur. Il devra l'animer. Cet espace est parfois réel parfois virtuel, comme dans le cas de formations à distance. Dans les deux hypothèses, le formateur a et doit avoir une action structurante sur l'espace de formation. Il s'agit de construire l'espace de formation, de le faire vivre et de le restituer.

Habituellement, l'espace de formation est une salle. C'est au formateur que revient le choix de la première disposition de la salle. Il arrive que la salle ne puisse être modifiée. Dans tous les cas, le formateur sait s'approprier l'espace de formation qui lui est confié et en tirer le meilleur parti pour les séquences qu'il va devoir animer.

Les lieux de formation suivent une certaine logique de territoire. Les stagiaires s'approprient un espace propre. Comme dans un autocar, ils reviendront s'asseoir aux places qu'ils se sont attribuées. Le formateur devra ensuite composer avec ce qui reste, c'est-à-dire les murs de la salle, son territoire et les espaces collectifs. Ils doivent refléter, être investis de l'esprit de la formation. Laissée ouverte, la porte d'une salle de stage permettra des intrusions, fermée, elle garantira l'intimité. Tapissée de paper boards, une salle témoigne des marques de la formation, sombre et tournée vers un écran, elle oriente une attention. Quoi qu'il en soit, tout y deviendra peu à peu symbole pour l'apprenant qui l'investit. Ouverts sur l'extérieur, accueillants ou refermés sur la dynamique de formation, l'espace de l'action, les lieux du stage, la salle de la session seront maîtrisés par le formateur qui gère les entrées-sorties et accompagne les principaux mouvements qui s'y déroulent.

Le formateur peut aussi enrichir le milieu de la formation. Il s'agit alors de mettre à disposition des outils, des ressources qui permettront au stagiaire de progresser et d'explorer certaines parties du programme. Il est possible, par exemple, de laisser quelques micros connectés, de livrer des livres, CD, cassettes ou écrits en tous genres à la curiosité de chacun et, bien sûr, d'inciter à la manipulation d'outils ou produits mis à disposition. Cette dynamique doit être pensée et organisée en fonction des méthodes, des lieux, des objectifs et des apprenants. Il ne s'agit pas non plus de mettre à disposition des ressources qui ne pourront pas être exploitées dans le temps imparti ou qui viendraient perturber la démarche générale du stage.

Des plantes vertes aux décorations, de l'agencement des salles à la disposition du matériel, des déplacements aux visites, de la circulation à la déambulation, le formateur maîtrise l'espace de formation en ne laissant ni au hasard ni aux nécessités le soin d'orienter trop significativement une pédagogie qu'il ne saurait assumer.

Au-delà des seuls locaux, c'est évidemment de toute la logistique que le formateur est en définitive investi. Il doit pouvoir s'en affranchir totalement pour se concentrer sur sa tâche. Néanmoins, l'expérience montre que la perceuse démarre souvent en même temps que l'exposé, que les logiciels ne sont jamais correctement chargés, que l'ampoule claque toujours pendant la présentation et que la grève est évidemment reconduite durant la formation. La gestion des aléas de la logistique fait partie de la formation. Elle doit être pleinement assumée par le formateur dans sa mission de service. Souvent, il n'est d'ailleurs pas seul pour l'assumer, mais l'éventuel échec d'une formation ne pourra incomber ni à la perceuse, ni aux raccourcis, ni à l'ampoule ni même aux partenaires sociaux !

Rappelons enfin que la formation s'arrête au terme d'une durée écoulée. La salle ou les lieux devront alors être restitués. Ils peuvent être rendus en l'état, mais si la dynamique de stage est menée à son terme, le formateur aura prévu de conduire le groupe à faire disparaître toutes les traces de son passage.

Animer des contenus et des méthodes

La partie précédente concernant la conception d'une action de formation a permis de montrer comment la démarche d'ingénierie de la formation est structurée. Une méthode progressive a été évoquée : analyse et recueil des besoins et des contraintes, description des publics cibles puis construction de progressions d'objectifs et de contenus, enfin, production des différents outils et méthodes qui vont permettre cette formation. Au troisième coup de maillet, il s'agit de mettre en lumière.

« Former des hommes, ce n'est pas remplir un vase, c'est allumer un feu », disait, paraît-il, Aristophane. Et l'allumette, c'est le formateur ! Former des hommes, ce serait alors embraser un contenu de connaissances et attiser des compétences. Pour ce faire, le formateur doit évidemment être lui-même convaincu de ce à quoi il forme et des messages qu'il doit transmettre. À défaut, il convient de se retirer. Il doit également allier une double compétence :

- référent sur les contenus ;
- témoin sur les méthodes.

Il n'a besoin d'être ni expert ni acteur, mais homme de charisme, qui va engager tout son trac, ses émotions et ses imperfections pour les mettre au service de ceux qui doivent, au terme du processus, devenir ses pairs. Au risque de se sentir peu à peu vidé, il devra même y ajouter tout son dynamisme, habilement réparti sur la durée. L'expert peut venir l'épauler, le pédagogue, l'assister. Mais le formateur réalisera lui-même cette alchimie entre le contenu, les progressions et les attentes des participants. Certains participants seront plus ouverts, d'autres, moins accueillants. La motivation et l'exigence ne sont pas les mêmes lors de l'animation d'une session d'intégration de nouveaux embauchés, où tous ont la volonté d'intégrer l'entreprise, et l'animation d'une action de formation de formateurs, infligée par une DRH pour faire passer des messages de récession…

Le formateur utilisera des méthodes choisies pour permettre à chacun de s'approprier les concepts dans les temps et dans les lieux. Il maniera au mieux les outils et les techniques pour servir les objectifs de la formation. Il investira tout son temps et son énergie, au point de se sentir totalement ailleurs et parfois même en décalage avec la réalité qui bat son plein. Un formateur réellement investi se sentira réellement épuisé au terme d'une journée qu'il aura animée sans relâche d'attention. De même, il vivra un moment presque dépressif après la clôture du stage quand il se retrouvera seul, confronté aux dernières évaluations, et qu'il aura cessé d'exister dans le regard parfois valorisant des stagiaires en formation.

Animer la dynamique du groupe en formation

Les stagiaires représentent une collection d'individus ayant tous leurs propres parcours et projets. Cette collection forme aussi un groupe, qui, comme toute collectivité, obéit à des lois, des rites et se conforme à des obligations. Si l'on en croit les acquis de la psychanalyse, notamment, toute entité sociale vit selon des tendances partagées entre deux pôles principaux : la fusion et le morcellement. Le groupe en formation va donc lui aussi vivre sa dynamique de formation en perpétuelle confrontation de ces deux pôles.

Mais, à la différence d'autres groupes formels, notre collection de stagiaires a pour objet la formation de ses membres. Ce fait particulier détermine sa structure et engage une dynamique particulière. Le leader institutionnel du groupe est le formateur. Il va devoir tenir compte du groupe qu'il fédère et composer avec sa dynamique.

Dans la pratique, les recherches et le vécu attestent du fait que les compétences comme les apprentissages sont et restent d'abord collectifs. De nombreux psychosociologues à travers le monde, de Lewin à Vygotski, s'accordent à le constater. De surcroît, la psychologie sociale, caractérisée notamment par les approches de Moscovici ou de Milgram, montre bien comment le groupe, y compris en formation, impose ses normes à l'individu. Enfin, la sociologie de l'acteur, très marquée par les travaux de M. Crozier, renforce cette vision de l'organisation vécue comme un ensemble d'interactions sociales au sein desquelles chaque salarié joue un rôle précis. Il en va de même pour les participants à une action de formation, qui vont peu à peu, au cours de la formation, endosser des rôles plus ou moins explicites.

De fait, les relations entre les membres d'une équipe ou d'un groupe varient sans cesse. Elles évoluent avec le temps et souvent d'une manière prévisible. Les rapports de séduction et d'alliance guident le fonctionnement du groupe en formation. Plusieurs phases de la vie du groupe seront engagées successivement : plutôt tirées par la fusion, à la naissance de la vie du groupe, plutôt déterminées par le morcellement, lors de la lente agonie du groupe en formation.

Les fondements dynamiques de ces évolutions sont simples et pratiques. Les stagiaires ont connu des trajectoires variées. Ils ont accumulé des connaissances durant leurs expériences professionnelles qui structurent des représentations. En formation, il convient d'abord de reconnaître ces représentations pour pouvoir ensuite les modifier ou les enrichir. L'animateur de formation, qui souhaite obtenir l'adhésion et engager un processus de structuration du groupe au démarrage de la formation, ne peut imposer des programmes, contenus ou méthodes rigoureusement identiques à tous les participants. Il doit composer avec l'hétérogénéité du groupe en formation et entrer dans des stratégies de mutualisation, de coopération et d'individualisation, lors desquelles chacun sera reconnu et devra participer à sa propre formation comme à celle du groupe. Faire concilier les intérêts individuels et les intérêts collectifs n'est pas toujours une démarche aisée. Heureusement, toute notre scolarité nous a inculqué une partie de ces principes.

Chaque groupe constitué et reconnu a une fonction de production. En formation, le groupe doit produire ou secréter la formation des participants. La fonction de production est assumée conjointement par le groupe et par l'animateur qui en est le leader. Selon les styles d'animation pédagogique, le formateur pourra prendre, vis-à-vis de la production, une place prépondérante voire exclusive, comme dans le cas d'un exposé magistral, ou, au contraire, plus effacée, comme dans le cas de travaux pratiques. Par ailleurs, il semble que le réel pouvoir démocratique n'existe que s'il est confronté à un contre-pouvoir. Il en va de même en formation, et les manifestations d'opposition qui ne manqueront pas de survenir aux deux tiers de l'action de formation sont normales et riches si elles peuvent être exploitées et maîtrisées.

Les relations entre tous les participants, y compris celles établies avec le formateur, traversent une série d'étapes. Les dimensions de naissance du groupe, de phase de pleine production et de mort lente entrent en jeu dans cet ordre au cours de l'évolution du groupe :

> ▸ Les problèmes liés à la naissance se traduisent par des problématiques de fusion et d'intégration des individus au groupe. Chacun doit alors prendre la décision d'être inclus

ou exclu d'une relation, puis de s'engager dans le processus normé de la formation tel qu'il aura été présenté.

▸ Les questions liées à la production et au contrôle de celle-ci surviennent ensuite. Ce désir se traduit alors par l'envie de contrôler les autres ou de n'exercer aucun contrôle. Des conflits avec le formateur peuvent alors survenir.

▸ Les questions de fin, d'ouverture et de morcellement apparaissent en fin de vie du groupe en formation. Il est alors trop tard pour rectifier, et c'est néanmoins le moment où se formalise la réussite, ou l'échec. Le formateur voit alors se révéler, s'il y consent, ce qui fait déjà l'histoire de la formation.

Bien que cet ordre ne soit pas immuable, la nature de la vie de groupe est telle que chaque membre a d'abord tendance à se demander s'il veut faire partie du groupe pour ensuite déterminer le degré d'influence qu'il y exercera et enfin le degré d'ouverture et de détachement qu'il souhaite prendre. Comme dans tout groupe, le formateur qui en est le leader institutionnel bénéficie d'une aura forte, et des rapports de séduction et de rejet se construisent peu à peu au sein du groupe. Cette tendance peut parfois apporter confusion. Si elle s'installe, ce qui peut évidemment arriver, il convient de garder à l'esprit que l'action de formation se terminera en mettant à niveau stagiaires et formateur. Il sera bien temps alors d'explorer d'autres relations que celle de la seule séduction formateur-formé.

Enfin, dans les faits, la finalité d'une formation professionnelle peut être l'enrôlement du salarié au sein d'un dispositif de formation comprenant un formateur délivrant un contenu de connaissances, à la construction d'une performance que ce salarié devra exercer en l'absence de ce formateur au sein d'une équipe. Les stagiaires vont devoir finalement échapper à leur formateur car la formation professionnelle vise la prise d'autonomie dans l'action. Elle émerge sous la forme d'un apprentissage progressif à exercer une responsabilité dans l'exercice de la fonction. Ce concept est effectivement central dans tout acte pédagogique. Il conduit alors le formateur à beaucoup d'humilité car, comme tout travailleur social, il est appelé à disparaître de la relation qu'il a lui-même instaurée.

Avant de commencer

37 → Rappel des points clés de la préparation
38 → Adapter une action de formation
39 → Préparer la salle
40 → Check-list logistique

fiche 37

Rappel des points clés de la préparation

On ne peut se lancer dans l'animation d'une action de formation sans l'avoir bien préparée. Certains la conçoivent et l'animent, d'autres l'animent sans l'avoir conçue. Certains animent pour la première fois, d'autres sont déjà expérimentés. Dans tous les cas, il est nécessaire et fondamental de prendre le temps de se préparer à intervenir.

Pour ceux qui développent une action de formation, vous devrez passer par la partie précédente de ce livre et :

- avoir testé l'action en revoyant aussi vos propres connaissances de la matière traitée puisque vous allez intervenir ;
- décider des priorités que vous allez devoir effectuer en fonction des participants et du plan que vous suivez ;
- prévoir des moyens pour contrôler et évaluer les participants (c'est la partie suivante du livre !).

Puis, avant d'intervenir, que vous soyez le concepteur de l'action de formation ou pas, vous devrez encore procéder à divers ajustements :

▸ Valider que tous les participants ont reçu une convocation comprenant les détails de la logistique de l'action. Veiller à ce que l'ensemble du groupe soit bien réuni sur le même thème. Connaître les éléments de communication diffusés aux participants et relire tous les points de la convocation que les stagiaires ont reçue.

▸ Avoir préparé tous les supports permanents de type paper boards, slides… Vérifier la reproduction en nombre, la livraison et la réception.

- Si possible, reconnaître les lieux avant, pour les modifier ou au besoin pour en changer.
- Bien connaître votre public : d'où vient-il, de quels participants est-il composé, est-il homogène, quels sont ses besoins et quel est son niveau par rapport au contenu du séminaire ? Y a-t-il des rapports hiérarchiques entre les participants ? Prévoir les contraintes de disponibilité des participants, moyens matériels, compétences…
- Prendre contact et valider les interventions d'experts ou de témoins…
- Vérifier le matériel : les versions logicielles, les connexions, les compatibilités, les piles, les rallonges…
- Reprendre les objectifs fixés, vérifier les contenus et, parmi eux, établir vos priorités.
- Posséder la logique du sujet, connaître la structure de son développement, avoir le plan et la rhétorique en mémoire.

Et lorsque tout sera enfin prêt, il reste encore à…

… préparer les premières minutes et le déroulement de la séance d'ouverture.

Adapter une action de formation

fiche 38

Certains formateurs doivent concevoir tout ou partie du programme. D'autres animent à partir d'un programme qui leur est délivré. Quel que soit votre statut, animateur ou concepteur, à certains moments, vous devrez prendre des libertés par rapport au programme pour adapter un contenu à votre groupe, orienter des séquences ou modifier un déroulé. Il conviendra alors de justifier des choix que vous avez opérés.

Avant de modifier un déroulement, rappelez-vous que les séquences s'enchaînent de façon logique et progressive, qu'elles s'appuient sur des choses connues des participants. Chaque séquence présente les phases suivantes :

- démarrage ;
- phase d'apprentissage et d'explicitation ;
- mise en situation pour préparer les transferts ;
- conclusion et synthèse.

Rappelez-vous aussi que les concepteurs ont développé le programme en fonction de la commande de l'entreprise et en fonction des résultats attendus. Si vous devez modifier ou adapter un programme :

▸ Notez soigneusement les modifications que vous avez opérées.

▸ Rédigez une note de synthèse concernant les changements effectués, destinée aux commanditaires, aux RH et aux concepteurs.

Animer

139

38

> Insistez sur le caractère conjoncturel de l'adaptation (en fonction du public, face à un aléa…) ou sur sa nature structurelle (défaut de conception, manque d'information…).
> Très rapidement, et si possible avant la fin de la formation, assurez-vous que les modifications sont enregistrées et qu'elles ne prêtent pas à conséquence.

On adaptera avec les stagiaires dans la salle, et toujours en lien avec la structure de l'entreprise.

Préparer la salle

La disposition de la salle conditionne en grande partie le système de communication du groupe. La communication influe sur la dynamique et donc sur la formation. Alors, et si possible, changez la disposition de la salle lorsqu'elle ne vous paraît pas adaptée à la pédagogie que vous souhaitez mettre en œuvre. De même, la disposition d'une salle n'est pas arrêtée. Si le mobilier s'y prête, elle peut évoluer en fonction des séquences.

En U
Disposition facilitant la communication
Le formateur peut facilement aller vers les participants
Les participants se voient
Limitée à 15 personnes

En carré
Disposition conviviale facilitant la communication
Tout le monde se voit
Mais le formateur est « figé »
Limitée à un certain nombre de personnes

En cercle
Petites tables faciles à bouger pour faire des sous-groupes
Disposition en cercle pour faciliter la communication
Ouverture centrale pour circuler dans le groupe

Par équipes
Pédagogie active dans un grand groupe
Division facile en sous-groupes
Sous-groupes figés
Le débat entre les tables est plus difficile à animer

.../...

En amphi Organisation pour des grands groupes, en cas d'exposés ou conférences Les échanges entre participants sont difficiles car ils ne se voient pas Le formateur est devant	

Figure 19. Dispositions possibles de la salle

Check-list logistique

fiche 40

Avant d'intervenir, il convient de revoir les conditions pratiques de l'intervention de formation et de faire l'inventaire du matériel nécessaire. La liste suivante peut vous y aider (voir figure 20).

Action à réaliser	Vu
Découvrir le lieu du séminaire avant les participants : repérer les lieux communs, accueil, toilettes, salle de pause et machine à café, salle de repas, vestiaires, infirmerie…	
Revoir la disposition du mobilier	
Revoir votre matériel personnel	
Vérifier l'état de fonctionnement du matériel mis à la disposition des participants (feutres, ampoules…)	
Vérifier que vous avez une pendule, une horloge, une montre. Et que toutes sont à l'heure	
Vérifier les quantités de documents à distribuer et prévoir que vous en avez bien autant que de participants, voire quelques exemplaires en plus…	
Prévoir la quantité de paper boards dont vous aurez besoin, et avoir de quoi accrocher des feuilles sur les murs	
Maîtriser la mise en œuvre des moyens audiovisuels et leur raccordement… Prévoir leur place pour que tout le monde puisse en bénéficier. Régler netteté et luminosité	
Connaître les conditions pratiques à l'accueil (dépôts de pièces d'identité…). Prévenir de l'arrivée des participants et des intervenants	

…/…

Animer

Vérifier les modalités d'ouverture et de fermeture des salles, récupérer un double des clés. Vérifier l'ouverture des fenêtres, la clim et les stores	
Prévoir les gobelets, les bouteilles d'eau…	
Vérifier que les stagiaires peuvent recevoir des messages – comment sont-ils transmis ?	
Vérifier les conditions dans lesquelles les stagiaires peuvent téléphoner, émettre des fax, faire des copies, recevoir des appels	
Vérifier les horaires et les modalités des pauses et de la restauration	
Et la décoration ? Et les fleurs…	

Figure 20. Check-list logistique

Tout est prêt ? Rédigez le mot d'accueil qui figurera dans la salle !

Attitudes du formateur

41 ➔ **Le look du formateur**
42 ➔ **Gérer son trac**
43 ➔ **Directif ou permissif ?**
44 ➔ **Se mettre à l'écoute**
45 ➔ **Orienter le travail**
46 ➔ **Faciliter la formation**
47 ➔ **Réguler la formation**
48 ➔ **Réagir face à une situation difficile**

Le look du formateur

Voix, postures, ton, déplacements sont des facteurs qui jouent sur le ressenti des participants. Si le formateur incarne partiellement un contenu, il doit donner envie de s'approprier ce contenu. L'aspect extérieur et la condition physique du formateur sont donc essentiels. Avant d'entrer en scène, il convient donc de vérifier qu'il ne prend pas de risques (voir figure 21).

Conseils de présentation	Vous prendrez des risques
Ayez conscience qu'au-delà de vous-même, c'est la structure d'une entreprise ou d'une institution que vous représentez	Si votre tenue vestimentaire est voyante ou trop originale, ou si vous arborez quelque chose qui va détourner l'attention de votre discours : bijoux bruyants, voyants, marques religieuses, politiques ou syndicales…
Évitez les bijoux gênants ou bruyants	Si vous n'avez pas vos lunettes, pas vos outils habituels
Arrivez reposé, détendu, souriant	Si vous êtes fatigué ou préoccupé, sous l'emprise de calmants, de l'alcool ou d'autres substances… Vous devez gérer vos traitements et vos dépendances en dehors de la présence des stagiaires
Ayez des vêtements adaptés, évitez les excentricités qui distrairaient l'attention	Si vous mettez des chaussures neuves !
Vous devez vous plaire à vous-même	Si vous vous sentez insignifiant
Variez votre tenue chaque jour en restant toutefois dans les normes de l'entreprise	Si vous faites « casual » le vendredi… et que ce n'est pas la coutume !

…/…

Pensez qu'un groupe d'individus vous aura sous les yeux pendant un ou plusieurs jours pleins… et agissez en conséquence	Si vous n'êtes pas sûr d'avoir un aspect agréable et si vous ne vous êtes pas lavé soigneusement les mains que tous verront !

Figure 21. Le look du formateur

La liste pourrait être longue et un peu rébarbative. C'est du bon sens, il s'agit d'abord d'être soi-même, tout en privilégiant les attitudes d'ouverture et de disponibilité au groupe. Puis il convient d'être en conformité avec la culture de l'entreprise, ses valeurs et le sens des messages qui sont véhiculés par la formation. Les stagiaires apprécieront les efforts que vous ferez, même s'ils ne sauront pas les formuler réellement. Rappelez-vous que vous devrez établir le meilleur compromis entre ce que vous êtes, ce qui vous fait plaisir et la tâche dont l'entreprise vous a investi.

Gérer son trac

fiche 42

Le trac est un sentiment d'insécurité qui résulte de la prise de conscience d'une situation ressentie comme dangereuse, ou d'une incertitude mêlée de craintes dues à des conditions mal maîtrisées : un public mal cerné, des lieux inconnus, des contenus pas assez travaillés… Dans le cas de stress excessif, d'anxiété avant l'ouverture, l'animateur comme tous les acteurs consomme une partie forte de son énergie pour se contrôler. Il s'en trouve alors moins disponible pour accomplir sa tâche. Il est donc conseillé de très bien préparer les premières minutes de l'intervention… avant de se jeter à l'eau.

Avant d'ouvrir la session, avant de démarrer une nouvelle activité, si vous n'êtes plus inquiet, si vous n'avez plus le trac, orientez-vous vers une autre activité : vous êtes blasé ou plus assez motivé ! Il n'y a plus d'enjeu pour vous. Le trac fait partie de l'animation d'action de formation. En avoir trop est pénalisant, mais ne pas en avoir est mauvais signe.

Vous augmenterez considérablement le trac en arrivant non préparé, c'est-à-dire : sans avoir relu les fiches du chapitre précédent ! Si vous ressentez encore trop de trac, c'est parce que les peurs et inquiétudes sont généralement liées à la représentation d'une situation périlleuse. Toutefois, c'est l'idée que l'on s'en fait et, bien souvent, ce n'est pas la réalité elle-même. Mais l'égocentrisme qui en découle augmente souvent le péril au lieu de laisser l'animateur se centrer sur l'objectif de la formation. Pour atténuer cette situation, il convient de ne pas craindre le trac et de le maîtriser.

Animer

Avant la prestation

Quelques trucs :

- ▸ Éliminez le trop-plein d'énergie par une activité physique ou des mouvements de décontraction.
- ▸ Si vous avez peur de ne pas placer votre voix, chantez un peu fort avant d'arriver.
- ▸ Visualisez le bon déroulement du stage et votre réussite.
- ▸ Organisez votre environnement en prenant des repères.
- ▸ Accueillez les participants, parlez-leur, faites connaissance, mettez-vous à l'écoute en posant des questions…
- ▸ Prenez un verre d'eau et recentrez-vous sur votre respiration.

Pendant la prestation

- ▸ Obligez-vous à vous décontracter : asseyez-vous, installez-vous dans une position confortable.
- ▸ Respirez lentement et à fond. Pratiquez la respiration sur « les trois étages ».
- ▸ Sachez que l'on exagère ses éventuelles imperfections. Elles peuvent être attachantes ou ne pas être perçues par le public.
- ▸ Quel que soit votre trouble intérieur, efforcez-vous de paraître calme et souriant car l'émotion est contagieuse.
- ▸ Centrez-vous sur l'auditoire, en prenant appui sur les participants positifs.
- ▸ Enfin, gardez courage, car l'entraînement à l'expression orale et l'habitude de parler à des groupes finissent par dissiper les malaises !

Directif ou permissif ?

Pour être à même de remplir efficacement son rôle, pour orienter et aider le groupe à progresser vers son objectif, le formateur doit savoir doser deux attitudes non contradictoires : directive et permissive. Chacune de ces deux qualités permet à l'autre d'en être une. La directivité sans permission se transforme vite en autorité excessive, contradictoire avec la formation des adultes. La permission sans directivité peut conduire vers des dérives non maîtrisables.

Comme le formateur a un rôle technique et institutionnel à jouer, l'articulation étroite de ces deux qualités lui est de la plus grande utilité. La directivité permet d'aller de façon méthodique, et en respectant le temps imparti, vers l'objectif ; la permissivité dans la relation avec les stagiaires permet de les encourager individuellement dans leur apprentissage et de leur faire vivre le bénéfice d'un travail en groupe. Naviguant entre ces deux styles d'animation pédagogique, le formateur pourra orienter le travail de formation en prenant une place prépondérante, comme dans le cas d'un exposé magistral, ou plus effacée, comme dans le cas de travaux pratiques.

S'il convient avant tout de rester soi-même, et de savoir mettre à profit le meilleur de sa personnalité, le formateur devra trouver son équilibre entre la directivité nécessaire pour assurer la productivité du groupe en formation et la permissivité qui permettra à chacun d'atteindre ses objectifs personnels. Certains auront plus de mal à comprendre et à assimiler. Il conviendra de leur porter une attention plus soutenue. Il s'agit de construire l'équilibre entre les intérêts individuels et collectifs.

Le formateur est directif sur l'objectif. Il est le garant de l'atteinte de l'objectif qu'il a proposé au groupe. Il a donc la responsabilité de faciliter les interactions et d'amener le groupe à produire (voir fiches suivantes). C'est pour cela qu'il doit adopter une attitude déterminée. Le formateur est aussi souple dans sa relation pédagogique avec les stagiaires. Chacun doit être reconnu, accompagné et encouragé. Le formateur favorise alors la participation et l'expression de tous.

Directif	Permissif
Maintenir l'objectif au centre des discussions en faisant des recentrages si des digressions trop importantes apparaissent	Élucider et clarifier certains points abordés, par des reformulations et des questions
Gérer le temps de parole des participants, veiller au temps imparti pour effectuer un travail	Se mettre à l'écoute et rester disponible
Gérer les aléas, les outils et le lieu	Accueillir et maintenir les liens avec l'extérieur et la réalité quotidienne
Analyser les jugements et organiser des évaluations	Éviter les interprétations personnelles des informations, idées, opinions issues du groupe
Orienter la recherche de résultats	Privilégier la découverte et l'expérimentation

Figure 22. Directif/permissif

Se mettre à l'écoute

On apprend par la réussite, mais aussi et surtout par l'erreur et la correction. Afin d'exploiter au mieux les erreurs, de pouvoir les intégrer dans le processus de formation sans qu'il y ait de conséquences sur le processus de production, il convient de développer une attitude d'écoute valorisante. Comme dans toute situation de communication, mais de façon encore plus marquée en formation, la qualité de l'écoute devient un facteur clé de réussite de la mission de formation.

Pour en témoigner, il convient de développer une attitude ouverte et disponible : faire face à son public, se déplacer dans la salle afin de prendre en charge physiquement tout le périmètre de la formation. Utiliser le regard posé sur l'ensemble des participants. Certaines techniques d'expression permettent d'accentuer ce trait :

- *La reformulation* : régulièrement, le formateur reformule ce que disent les participants avant de répondre ou d'intervenir. L'intention est de s'assurer de la compréhension ou de provoquer un effet miroir.

- *Le repérage des intentions d'intervention* : le formateur s'interrompt lorsqu'un participant marque par un signe non verbal une réaction qui peut intéresser tout le monde.

- *La non-sélection* : le formateur ne trie pas parmi les interventions des participants. Tout ce qui est exprimé est exploité. Le contenu des interventions des participants n'est pas transformé, édulcoré, trahi.

Afin de construire cette impression d'écoute tout au long de l'action, il faut cultiver cette image. Vous ne serez pas perçu comme à l'écoute :

- si vous avez l'air de subir votre sujet,
- si vous montrez que vous avez trop le trac,
- si vous ne suivez pas le sens des événements,
- si vous donnez l'impression de vous désintéresser du groupe,
- si vous manifestez de l'hostilité envers l'un des participants,
- si vous ne parvenez pas à faire des synthèses,
- si vous faites preuve d'une autorité excessive,
- si vous ne conduisez pas et ne recentrez pas le débat,
- si vous faites preuve de passivité,
- si vous vous attachez de façon trop rigide à votre rôle,
- si vous ne savez pas manier l'humour…

Enfin, certains participants sont discrets, ils n'attirent pas l'attention, ils auraient même tendance à se faire oublier. Or la formation s'adresse à tous et l'animateur doit trouver les moyens d'équilibrer le groupe et d'accompagner tous les participants : ceux qui réussissent, les rebelles et ceux que l'on aurait tendance à oublier.

> Se mettre à l'écoute de tous et de chacun

Orienter le travail

Chaque groupe constitué et reconnu a une fonction de production. En formation, le groupe doit produire ou secréter la formation des participants. La fonction de « production » est assumée conjointement par le groupe et par l'animateur qui en est le leader. La fonction de production dans un groupe consiste à fixer les objectifs à atteindre en commun, réunir et mettre à disposition toutes les ressources disponibles, et définir les règles et contrats qui vont permettre d'atteindre les objectifs en utilisant les ressources.

Le formateur oriente le travail de formation du groupe quand il diffuse lui-même ses propres connaissances. Mais le groupe produit tout aussi bien quand chacun relate une expérience, apporte un exemple ou une objection, émet un point de vue, répond à la question d'un autre. Le formateur peut même faire appel à l'extérieur du groupe pour produire : il fait venir un expert, un conférencier, un responsable hiérarchique, un représentant syndical, un client ou un grand témoin, voire un candide. Autour de ces témoignages dont le formateur ne maîtrise plus totalement le contenu, le groupe collabore aussi à la réalisation d'une tâche destinée à atteindre l'objectif.

Il faut s'efforcer d'orienter ce climat de production pour que chacun se sente reconnu, valorisé et respecté. Chacun doit pouvoir s'exprimer, être entendu et valorisé dans ses interventions. Pour ce faire, quelques principes peuvent guider :

▸ Au besoin, proposer au groupe des règles de fonctionnement en ce qui concerne la prise de parole et l'écoute.

- Agir en modèle en écoutant soigneusement les interventions sans interrompre ; noter les points à approfondir pour les reprendre ensuite.
- Éviter de juger les personnes ou de disqualifier un apport.
- Éviter de se confronter trop violemment à un participant devant les autres.
- Traiter les manquements graves aux règles de bon fonctionnement du groupe en formalisant un contrat en tête-à-tête.
- En cas d'énervement ou de déstabilisation du fait d'un « participant difficile » : se demander d'abord honnêtement en quoi il gêne le groupe… ou seulement l'animateur.
- Provoquer des évaluations quand le groupe paraît démotivé ; écouter et prendre en compte les difficultés, puis recadrer positivement.
- Pour recadrer les hors sujet : reformuler dès qu'il reprend sa respiration et expliquer en quoi on s'éloignerait de l'objectif en poursuivant dans cette voie.
- Faire confiance au groupe et en sa capacité à réguler lui-même les participants qui lui paraissent poser des difficultés.

Ce n'est pas facile d'orienter la production d'un groupe en formation. On rencontre souvent des difficultés qui sont d'ordre logique ou parfois d'ordre psychologique. Il convient alors d'orienter le groupe vers la « facilitation » ou la « régulation ».

Faciliter la formation

Les difficultés classiques rencontrées par un groupe qui veut produire sont bien connues. Le but est mal ou pas assez défini ; il est oublié ou remis en cause ; la progression est rarement suivie ; les retours en arrière et les digressions se multiplient…

Pour éviter ces difficultés, il s'agit de faciliter le travail de formation du groupe. Si l'animateur n'a pas le monopole de la facilitation, il n'en reste pas moins le responsable en dernier ressort. Il a pour cela plusieurs possibilités :

- Proposer l'objectif de chaque séquence et proposer le plan de la séquence.
- Rappeler au groupe les décisions, les consignes, les techniques et protocoles d'évaluation.
- Formuler les résultats essentiels et les suites à aborder.
- S'engager sur la confidentialité et ses limites par rapport à la hiérarchie et d'éventuelles demandes.
- Noter toutes les questions pour lesquelles aucune réponse ne peut être fournie et trouver les modalités de suivi de ces questions.
- Faire remarquer les digressions, cadrer les échanges dans le temps et la conformité des débats.
- Solliciter discrètement l'expression de ceux qui participent moins à l'oral.
- Établir entre chaque session les liens et marquer la progression et la rhétorique.

Faciliter la formation de tous les participants, c'est aussi créer un climat de franche coopération entre les participants pour que tout le groupe ait à cœur de porter cette fonction. Malgré les concurrences et la sélection, le groupe en formation doit mutualiser ses acquis. Que les participants se connaissent ou pas, cette disposition n'est pas évidente pour tous ; il convient alors de la favoriser…

- Lorsque les premiers ont terminé un exercice, plutôt que d'attendre en tuant le temps, ils peuvent aider ceux qui n'ont pas encore terminé.
- Les solutions peuvent être apportées par les participants eux-mêmes.
- Lorsque des réponses semblent encore ambiguës, il est possible de relancer l'effort du groupe pour orienter et faire persévérer ceux qui semblent encore réfractaires.
- Prêter attention à ceux qui entrent ou sortent de la salle.
- Prendre le temps d'informer ceux qui reviennent après une absence, de synthétiser ce qui s'est passé durant leur absence.

Régulée la formation

fiche 47

Souvent, le groupe en formation rencontre des difficultés qui ne sont plus rationnelles mais renvoient au vécu et à l'intimité de chacun des participants. Ces difficultés prennent parfois une importance telle qu'il faut les dépasser pour que le groupe en formation puisse poursuivre sa progression. L'animateur doit avoir le recul suffisant pour identifier ces éventuels freins et tenter de les débloquer tout en sécurisant le groupe.

Lorsque des participants se désintéressent du travail, que l'un d'entre eux monopolise le matériel et la discussion, que le groupe perd courage, que des rivalités naissent, des clans se forment, des sous-groupes entrent en concurrence, il est alors indispensable que l'animateur remplisse la fonction de régulation de ces tensions, tant au niveau de la relation du groupe avec le travail choisi qu'au niveau de sa cohésion et des relations interpersonnelles entre les participants. De fait, le formateur est régulateur quand :

- Il fait expliciter les raisons d'une intervention.
- Il élucide et met en lumière les raisons d'une intervention, d'un débat ou d'une tension.
- Il amène le groupe à réaliser qu'il perd confiance ou qu'il s'exalte.
- Il distingue ce qui était confondu, pour mettre fin à un quiproquo.
- Il recadre un débat, un propos ou une intervention.
- Il propose un temps de bilan au terme d'une séquence ou au début d'une journée.

L'animateur doit conduire le groupe et aider à réguler. Il ne s'agit ni de fuir ni de multiplier ces interventions mais d'en trouver la juste dose afin de garantir la bonne fin des travaux et la réalisation des objectifs. À cette fin, plusieurs choses doivent vous rester en mémoire :

- Restez à l'écoute du groupe, tenez-vous prêt à détendre les tensions par des interventions de diversion. Disposez les antagonistes de manière à ce qu'ils ne soient pas en face les uns des autres.

- Anticipez les difficultés et faites-vous communiquer le nombre de participants avant le séminaire de façon à pouvoir éventuellement modifier certains points de l'ordre du jour, la disposition des lieux ou la constitution des sous-groupes.

- Même lorsqu'elles sont dirigées vers l'animateur, les manifestations d'hostilité seront évoquées afin qu'elles ne soient pas réduites à deux personnes. Lorsque cela est possible, c'est le groupe qui prend en charge la résolution des conflits. Si vous vous sentez trop personnellement concerné, traitez le problème lors d'une pause en tête-à-tête.

- Dans le cas d'émergence de leadership, valorisez la personne en sollicitant l'accord du groupe et en l'invitant à jouer son rôle dans un moment de moindre compétence. Si toutefois la personne relève correctement le défi, n'omettez pas de la féliciter, vous éviterez d'entrer en concurrence.

- Sachez rechercher des arbitrages extérieurs sur des points de compétences qui peuvent vous dépasser.

- Lors de votre présentation, insistez sur le rôle de régulateur que vous devrez endosser.
- Tous les participants présents s'engagent à être dans le groupe à plein temps. Quelles que soient leurs fonctions, ils ont tous le même statut de participant.
- Restez maître du temps et de l'espace de la formation.

Réagir face à une situation difficile

fiche 48

En formation comme dans tout groupe, il peut arriver d'avoir à affronter une situation difficile. Dans les cas de tension, le formateur éprouve le sentiment d'une forte solitude et doit se conformer à lui-même. En ce sens, il devra rechercher la plus grande sincérité et la plus réelle transparence dans sa réaction. Il s'agit d'abord de rester soi-même afin de rester maître de la situation jusqu'au bout. Il est hors de question de vouloir jouer un jeu qui pourrait se retourner contre soi-même.

La procédure à suivre pour le formateur sera alors d'essayer de prendre du recul, temporiser, pour analyser la situation :

- en cherchant à évaluer le degré de tension et les conséquences sur le déroulement de l'action de formation ;
- en recherchant le degré de contribution à la tension de la situation. Il est possible que la tension ne provienne que de l'idée que l'on s'en fait. Répondre positivement à ces questions : En quoi cette situation gêne-t-elle la progression du groupe vers la formation de chaque participant ? En quoi cette situation me gêne-t-elle en tant que formateur ?
- éventuellement, en recherchant des aides ou des conseils extérieurs qui vont permettre d'objectiver la situation.

Il s'agit évidemment de répondre sincèrement à ces interrogations. Une aide extérieure peut parfois permettre de trouver cette objectivité. À la pause, ou en intersession, le formateur pourra rechercher cette écoute extérieure. Puis, en fonction de la dynamique du groupe, prendre les décisions concertées qui s'imposent. Si la situation gêne le travail ou la progression du groupe, le formateur peut intervenir. Si la situation gêne

Animer

d'abord ou avant tout le formateur, le formateur n'interviendra pas mais évaluera sa contribution personnelle. Trois familles de solutions se présentent généralement :

- Aider à la régulation par le groupe lui-même.
- Prêcher le symptôme, c'est-à-dire aller dans le sens du groupe en le poussant à l'extrême dans ses retranchements pour obliger les participants à faire eux-mêmes marche arrière. Cette solution risquée demande une parfaite maîtrise de la situation…
- Adopter une stratégie de repli et favoriser des entretiens de face à face ou des entretiens avec le groupe élaboré à partir d'une méthodologie de résolution de conflits en étapes successives :
  - décrire objectivement la situation en s'appuyant sur des faits et des constats objectifs ;
  - exprimer ses sentiments et la perception qui peut en être faite ;
  - envisager des solutions ;
  - établir un consensus sur la solution la plus positive à adopter pour l'ensemble.

Démarrer

49 ➔ Ouvrir le séminaire
50 ➔ Maslow en formation
51 ➔ Présenter le plan de la formation
52 ➔ Formuler les attentes des participants
53 ➔ Démarrer une nouvelle séquence

Ouvrir le séminaire

fiche 49

Ouvrir un séminaire, démarrer une action de formation est une opération importante car elle conditionne toute la suite d'un déroulement. A priori, et lorsque cela est possible, un institutionnel représentatif du top management devrait s'affranchir de cette fonction. Mais ce n'est pas toujours possible. Seul ou en tandem, il convient donc de soigner cette première présentation, d'autant que c'est aussi lors de cette première intervention que le trac est souvent le plus élevé. N'hésitez donc pas à préparer sur une feuille le timing précis et les grands points de cette première intervention.

La fiche suivante donne une idée d'ordre de cette présentation, qui ne devrait pas dépasser 10 % du temps total de l'action de formation. Durant cette ouverture, il convient successivement :

- d'accueillir, pointer et remercier les participants ;
- de situer l'action dans le temps et l'espace ;
- de rappeler le contrat ;
- d'orienter le travail et les règles ;
- de se présenter et présenter les intervenants ;
- de reconnaître les participants.

Si vous débutez directement par le contenu du séminaire sans passer par la succession de ces étapes, vous donnerez une impression de remplissage pour pallier à vos appréhensions ou une impression de précipitation et vous auriez ainsi une inquiétude sur la suite du déroulement. Si vous n'annoncez pas rapidement qu'un séminaire est une situation pédagogique basée sur un échange entre le groupe et l'animateur qui implique l'expression spontanée de chacun, vous risquez aussi de passer à côté de ces éléments de contrat.

Enfin, si vous ne donnez pas rapidement la parole aux participants, vous perdrez l'occasion de connaître votre groupe et donc de vous mettre à son écoute. Inviter les participants à se présenter, c'est déjà repérer les différentes personnalités qui composent le groupe, constater le niveau d'expérience, anticiper le type d'attente de chacun, identifier le vocabulaire pour y adapter le sien, et donc saisir l'occasion de se mettre à l'écoute du groupe.

Se présenter : l'animateur doit sécuriser

Votre nom	Inscrivez-le sur le paper board, vous n'en affirmerez que davantage votre rôle
Votre qualité	Ce qui justifie votre fonction actuelle d'animateur
Votre expérience	Quelques mots sur votre passé d'animateur sécuriseront les participants et vous imposeront au groupe. Des précisions également sur votre qualification et votre expérience de technicien seront les bienvenues

Figure 23. Présentation du formateur

Se présenter : les participants doivent s'affirmer

Sauf s'ils se connaissent déjà bien, le nom de chaque participant figure devant lui sur un chevalet.

De nombreuses méthodes peuvent être employées pour les présentations : tour de table, présentations croisées, portrait chinois… Chacune a ses avantages et ses inconvénients.

Veillez à ce que chacun insiste dans sa présentation sur son expérience passée du thème.

Invitez les participants à préciser la ou les questions qui les amènent à participer à ce séminaire.

Maslow en formation

Abraham Maslow (1908-1970) est un psychologue américain spécialiste des sciences du comportement. Il est considéré comme le père de la psychologie humaniste. Ses théories, même si elles sont partiellement contestables, intéressent les formateurs puisqu'elles traitent essentiellement de la motivation.

Maslow part du principe que l'homme est constamment animé de désirs et de besoins dont certains sont partiellement ou pas du tout satisfaits. En réponse, la motivation est une tentative pour répondre à ces besoins insatisfaits.

Il répertorie ensuite les besoins en cinq niveaux hiérarchisés suivant une pyramide (voir figure 24).

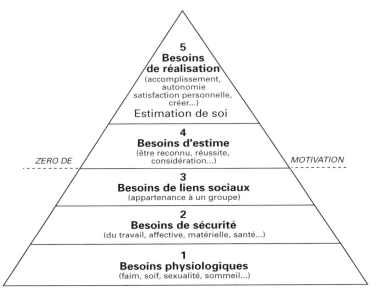

Figure 24. La "pyramide de Maslow"

Dans ce système, chaque besoin domine les suivants et les besoins s'enchaînent les uns après les autres… L'animateur d'action de formation saura utiliser cette pyramide, notamment pour organiser la présentation de son action (voir figure 25).

Ordre	Présentation…
1	… des lieux et locaux, des horaires, des conditions de restauration…
2	… des rattachements avec l'extérieur : tél., fax, messages…
3	… générique du groupe, des règles de vie…
4	… du programme et du déroulement de l'action…
5	… des participants et de leurs attentes en commençant par le formateur

Figure 25. L'ordre de l'ouverture du stage

Présenter le plan de formation

fiche 51

Présenter l'ordre du jour de la formation, l'agenda, le déroulement prévu est impératif : cela prouve que vous savez où vous allez établir un réel contrat de confiance avec les stagiaires. Ce contrat est fondamental puisque c'est le lien qui va conduire la dynamique du groupe en formation.

Vous prenez des risques en donnant trop succinctement l'ordre du jour par oral car il devient alors impossible de s'y reporter. De plus, les participants n'y réagissent pas et le subissent passivement. Vous risquez alors que le groupe ne vous impose des digressions parce qu'il l'aura vite oublié. En distribuant l'ordre du jour sur une feuille avant d'en parler, vous prenez aussi le risque que personne n'écoute puisque chacun lit ce qu'il veut sur son papier : il n'y a donc pas d'esprit de groupe, personne ne regarde l'animateur et l'écoute est flottante. Il convient sans doute de le présenter sur un document type paper board qui restera affiché durant toute l'action de formation.

Pour présenter l'ordre du jour, il est conseillé de :

- le rédiger avant le séminaire sur un document de type affiche ;
- le commenter d'abord dans les grandes lignes puis, dans le cas d'un séminaire de plusieurs jours, dans le détail pour ce qui concerne la journée en cours ;
- préciser pour chaque point l'objectif poursuivi ;
- le laisser affiché durant la session pour pouvoir vous y reporter si nécessaire ;

Animer

- le commenter en montrant les attentes qu'il couvre mais surtout en insistant sur celles qu'il ne couvre pas, et de le justifier dans le cadre institutionnel de l'entreprise.

Au fur et à mesure du déroulement de la journée, de l'enchaînement des séquences, puis au fil des journées, vous reviendrez régulièrement sur le programme afin de marquer la rhétorique globale du stage. Ce passage permet aussi d'argumenter les transitions entre chaque séquence. En cas de litige, de conflit, de débordement, il peut ainsi servir de rappel ou de garde-fou !

Formuler les attentes des participants

fiche 52

Au début de l'action de formation, il convient de savoir succinctement pourquoi chaque stagiaire est là. Il s'agit aussi de repérer si les participants sont là sur leur temps de travail ou en dehors de leur temps de travail, sur leur temps personnel. Dans cette seconde hypothèse (Plan II ou III, DIF…) les attentes seront d'autant plus importantes à faire formuler que l'effort du participant pour suivre la formation peut être considéré comme plus important. Vous prenez des risques si vous coupez court à cet exercice car vous vous exposez à décevoir le groupe par une offre qui pourrait ne pas correspondre à sa demande. Par la suite, le groupe pourrait aussi ne pas comprendre pourquoi certaines de ses attentes ne seront pas satisfaites. En permettant à chacun de formuler ses attentes, l'animateur saisit cette occasion pour rappeler l'ordre du jour, en expliciter et en justifier la composition. Par ailleurs et à cette occasion, si vous ne prenez pas note de certaines attentes, sous prétexte que votre ordre du jour ne les couvre pas, vous risquez de créer des malentendus qui pourraient ressurgir violemment durant la formation, voire à son terme.

Pour réaliser cet exercice, plusieurs méthodes sont possibles : tour de table dirigé ou aléatoire, présentations croisées, présentations « interview express », photolangage ou portraits chinois… (voir figure 26).

Animer

Quoi ?	Comment ?	Avantages	Limites
Tour de table dirigé ou aléatoire	L'animateur propose à chaque stagiaire de se présenter et d'énoncer ses attentes en quelques phrases	Rapide et efficace. Idéal quand les participants se connaissent déjà un peu	Et si le dernier était bègue ? ou s'il n'aimait pas parler en public ?
Présentations croisées	En sous-groupes, chacun recueille des informations sur ses partenaires puis les restitue au grand groupe	Permet de développer l'écoute et la reconnaissance	Peut durer longtemps
Présentations « interview express »	Chacun pose à son voisin et en direct trois questions clés fournies par l'animateur	Rapide Faire parler l'autre	Informations limitées Difficile pour les timides
Photolangage ou portraits chinois…	Un jeu permettant l'analogie (personnages, paysages, etc.), dans lequel chacun choisit spontanément celle qui correspond à ses attentes	Impliquant Dire son ressenti peut lever les blocages	Le degré d'implication attendu nécessite-t-il ce type de présentation ?

Figure 26. Technique de présentation des attentes

Démarrer une nouvelle séquence

fiche 53

Au début de chaque séquence, pour chaque exercice, il va falloir orienter l'activité, la présenter et dérouler un nouveau générique. À chaque enchaînement, l'animateur va donc conserver en tête les principes de démarrage suivants :

- Établir le lien avec ce qui s'est déjà passé et situer la nouvelle activité dans la progression.

- Annoncer, marquer au tableau, vendre l'objectif pédagogique… et le reformuler aussi souvent que nécessaire. Pour faire adhérer à l'objectif, utiliser des exemples, anecdotes, situations concrètes, de façon à aider les participants à se projeter dans un contexte précis.

- Marquer précisément au tableau les consignes d'exercices : timing prévu, lieux, tâche à réaliser, support à utiliser, méthode à employer, type de synthèse à fournir.

- Vérifier la compréhension des participants en observant leur activité immédiatement à la suite de l'exposé des consignes, et si nécessaire reformuler.

- Présenter les intervenants extérieurs, les experts, les auditeurs qui pourraient s'ajouter au groupe.

Puis les activités devraient se dérouler comme prévu ou presque ! Il est illusoire de penser que tous auront compris la même chose au même moment et à la même vitesse. Alors que les uns démarrent tranquillement, les autres interrogent leurs voisins pour vérifier qu'ils ont bien compris. Dès lors, l'animateur ne peut disparaître. Il reste présent et vérifie que l'activité de chacun est conforme à ce qu'il a proposé.

- En cas de difficultés rencontrées en cours d'exercice par exemple, il est possible de revenir en grand groupe et de formaliser les obstacles rencontrés de façon à les surmonter plus facilement.
- Prévoir des moments consacrés à l'évaluation intermédiaire.
- Lors des synthèses, utiliser les apports du groupe, les reformuler, restructurer et conclure en en tirant les grands principes.
- Prévoir des exercices, des moments de détente pour casser le rythme.
- Prévoir pour certaines séquences des méthodes de substitution plus rapide ou au contraire permettant davantage d'approfondissement, de façon à s'adapter au rythme d'apprentissage du groupe et au timing.
- Reformuler périodiquement les résultats afin de les intégrer dans la progression.

Dérouler

54 ➜	**Des questions, des réponses pour former**
55 ➜	**Michael Porter en formation**
56 ➜	**Attitude, langage et vocabulaire**
57 ➜	**Actif ou passif**
58 ➜	**Les mises en situation**
59 ➜	**Les pauses**
60 ➜	**Le groupe et sa dynamique**
61 ➜	**Les sous-groupes**
62 ➜	**Le groupe est hétérogène**

Des questions, des réponses pour former

fiche 54

La formation répond à trois principes d'acquisition ordonnés : savoir, savoir-faire et faire savoir.

Schématiquement, le savoir renvoie à la connaissance, le savoir-faire à la compétence (notons que ce que certains appellent les « savoir être » sont ici inclus dans les savoir-faire) et le faire savoir à l'explicitation, c'est-à-dire la capacité à communiquer ses savoirs et savoir-faire sous une forme ou une autre. Afin d'engager cette explicitation, le jeu de questions-réponses est fondamental pour expliquer et pour comprendre le cheminement individuel de chaque participant. En ce sens, il existe en formation trois grands types de questions : questions ouvertes, questions fermées, questions circonstancielles.

- *Questions ouvertes* : « Que pensez-vous de … ? » « Quelles solutions voyez-vous à … ? »
  - ▸ pour favoriser la créativité et l'imagination, pour aller au-delà du prévisible ;
  - ▸ pour ne pas induire la réponse.
- *Questions fermées* : « Êtes-vous pour ou contre… ? »
  - ▸ pour obtenir une réponse précise ;
  - ▸ pour répondre à une alternative.
- *Questions circonstancielles* : « Qu'entendez-vous par … ? » « Pourquoi ? » « Quand ? »…
  - ▸ pour séparer les différents aspects d'un problème ;
  - ▸ impliquent une demande de précision.

Animer

Une fois interrogé, le participant va répondre. Il convient alors de considérer la réponse et vous prendrez des risques :
- en laissant la réponse dériver sans canaliser autour d'elle toute l'écoute du groupe ;
- en donnant à la situation une allure d'interrogatoire et en vous servant du groupe comme d'une tribune ;
- en étant trop direct, trop rapide, lapidaire ou en allant trop loin ;
- en prenant un temps de parole trop long ;
- en ne valorisant pas la réponse, même si elle permet de savoir ce qu'il ne faut pas faire ;
- en ne sollicitant pas ceux qui parlent moins sans pour autant les forcer à intervenir ;
- en apportant systématiquement les réponses et en oubliant de solliciter le groupe.

Michael Porter en formation

fiche 55

Michael Porter est un universitaire américain qui a contribué à la formalisation de la réflexion stratégique par la publication de nombreux ouvrages depuis 1980. Outre les réflexions sur les avantages compétitifs ou la chaîne de la valeur, Michael Porter a développé une échelle des attitudes et des comportements qui peut être utile en formation pour comprendre des attitudes de participant et pouvoir réagir :

Attitude	Avantages	Inconvénients
Reflet reformulation Reprend ce qui est perçu, retour d'image, effet miroir structurant et assurance d'une mise à l'écoute	L'autre sent qu'il est écouté. Il perçoit les dispositions à être compris. Incite l'autre à parler davantage, à chercher lui-même ses propres solutions	Peut montrer un refus de s'engager, de dire ce qu'on pense. Technique d'introspection connotée par la psychanalyse. Développe un rapport particulier au pouvoir exercé sur l'autre
Investigation Interrogation par questions : incite l'autre à parler et à expliciter	L'autre perçoit un intérêt fort. Aide l'autre à mieux cerner son problème	L'autre peut s'impatienter et vivre la discussion comme un interrogatoire
Interprétation Traduction des propos, des opinions. Nécessite l'accord de l'autre sur l'interprétation	Donne un autre éclairage à ce que dit l'autre. Aide à aller plus loin dans la compréhension	Erreur d'analyse possible. L'autre peut refuser de parler si les interprétations sont erronées

.../...

Animer

Soutien Cherche à comprendre le problème posé. Essaie de calmer, consoler, remonter le moral, empathie…	L'autre se sent rassuré, pris en charge moralement au moment où il en a besoin	Les bons sentiments permettent à bon compte de se débarrasser des problèmes
Décision conseil L'autre sait ce qu'il doit ou devrait faire. Des solutions sont évoquées	Constructif et opérationnel. Permet une rapidité dans l'application si l'autre est d'accord	Limite l'autonomie de l'autre. Si la solution vient trop tôt ou est inappropriée, l'autre peut résister
Évaluation jugement Approbation ou désaveu. Critique et jugement sur ce que l'autre a exprimé	Évaluation qui peut donner raison ou tort. L'autre peut comprendre son erreur et progresser	N'envisage pas le point de vue de l'autre mais le sanctionne. L'autre peut être sur la défensive ou bien chercher à se justifier s'il se sent attaqué

Figure 27. Les attitudes de Porter

Attitude, langage et vocabulaire

fiche 56

Vous êtes l'animateur du groupe en formation, toute votre attitude va être observée et donner lieu à une certaine identification permettant aux participants de s'approprier les contenus. Dès lors :

- Montrez que le sujet vous intéresse ou vous passionne.
- Considérez que vous êtes devant un groupe et maîtrisez au mieux les expressions de vos émotions pour conserver l'objectivité nécessaire au déroulement de l'action.
- Reformulez en montrant l'adéquation entre les événements survenus, les résultats et le déroulement prévu.
- Canalisez et orientez les digressions par rapport au thème traité, à l'objectif, à l'ordre du jour.
- Utilisez le « tu » uniquement s'il est de mise au sein de l'entreprise ou de l'institution ; sinon, privilégiez le « vous », en tout cas dans les premiers temps.

Lorsque vous avez construit ces éléments de fond, lorsque vous en êtes convaincu, il convient alors de soigner la forme :

- Ne parlez pas trop bas et soignez l'articulation et la prononciation. Assurez-vous dès le départ que votre ton et votre débit satisfont l'auditoire. Utilisez le micro seulement si cela est nécessaire.
- Évitez de lire votre manuel, vos documents, vos transparents. Vous auriez alors la tête baissée, vous seriez mal entendu, donneriez l'impression de ne pas maîtriser le sujet.

- Prenez à votre compte les registres de vocabulaire du groupe pour les intégrer si nécessaire dans votre discours, plus institutionnel.
- Utilisez des phrases courtes, des moyens mnémotechniques, des anecdotes, des formules chocs et surtout de l'humour bien senti.
- Établissez perpétuellement le parallèle entre la situation de formation et le vécu des stagiaires afin de préparer les transferts.
- Interrogez sur la compréhension et vérifiez l'assimilation.
- N'hésitez pas à répéter, à recommencer, en variant les méthodes et les approches avec la plus grande patience.

Volume	En public, on doit parler plus fort que dans une conversation, sans pour autant crier dans les oreilles des stagiaires les plus proches. Il faut tenir compte également de l'environnement sonore et s'assurer, par une attention aux mimiques éventuelles, que chacun entend bien.
Prononciation	Pour que les mots soient compris rapidement, il faut les énoncer correctement et distinctement. Pour les mots nouveaux ou difficiles, il faut faire un effort supplémentaire d'articulation.
Débit	Le principal est d'être en phase avec son auditoire. Pour éviter la monotonie, variez le débit. Sachez ralentir pour accentuer les parties importantes.
Silences	Marquez un silence après des paroles importantes pour laisser aux stagiaires le temps de réfléchir sur les points énoncés.

.../...

Variation	Variez l'intonation pour ne pas être ennuyeux et maintenir l'attention. Variez la longueur des phrases. Évitez les mots bouche-trous systématiques : « heu…, d'accord !?…, n'est-ce pas !?… »
Voix	Gardez la gorge détendue et modulez pour éviter la monotonie.

Figure 28. Paramètres modulables d'une intervention en public

Actif ou passif

fiche 57

Les stagiaires sont tous différents. Certains apprennent en écoutant, d'autres, en faisant. Afin de réussir votre formation, il s'agit d'alterner les phases d'écoute centrées sur l'assimilation et les phases d'action orientées vers l'adaptation. Assimilation et adaptation sont, en formation et par référence à Piaget, deux concepts clés dans les théories de l'apprentissage.

Vous prendrez des risques en optant pour des méthodes trop passives[1]. C'est parfois sécurisant, souvent nécessaire pour l'animateur qui se raccroche à un contenu. Si la démarche est utile pour informer, elle est incomplète en formation :

- pas de fixation de la part du groupe ;
- pas de dialogue de l'animateur avec les participants ;
- pas de feed-back des participants vers l'animateur ;
- pas d'ajustement du contenu aux attentes ;
- pas d'ajustement des concepts et des résultats obtenus ;
- pas de dynamique de groupe.

À l'inverse, en vous laissant entraîner dans des situations actives mal maîtrisées, vous donnerez l'illusion d'une ambiance animée. Mais c'est l'illusion d'un groupe que vous entretiendrez, en passant à côté de l'essentiel : la formation de ses participants. En outre, vous développerez l'image d'une contre-performance et de déception à terme en cultivant :

Animer

---

[1]. Les fiches 24 à 29 de ce livre concernant les grandes familles de méthodes pédagogiques peuvent vous aider, vous pouvez vous y reporter.

- l'incohérence dans la transmission des informations ;
- la dégradation à terme de l'image du formateur, de la formation et des processus de changement qui sont engagés ;
- l'imprécision des messages et des orientations du management ;
- la dynamique d'un groupe stérilisée par l'absence d'un recentrage sur la tâche et les contrats.

Il s'agit donc de trouver le juste équilibre entre des phases passives et des phases actives.

Phases passives	Phases actives
Exposés, démonstrations orientés par l'animateur ou des experts sur des points précis du programme. Ce sont des phases de transmission de données théoriques souvent bâties sur un mode unilatéral. Elles sont parfois nécessaires, surtout pour la découverte de notions nouvelles, techniques et faisant appel à de nombreuses connaissances	Discussions, expérimentations, exercices, études de cas, simulations… permettant de s'assurer de la progression égale des acquisitions par tous. Étant donné l'obligation de participation de chaque membre du groupe, les phases actives permettent, à travers des activités concrètes, d'ancrer par l'expérience des données plus théoriques

Figure 29. Phases passives/actives

Les mises en situation

fiche 58

Plusieurs types de mise en situation peuvent être utilisés en formation (voir figure 30).

Quiz	Questionnaires utilisant des questions fermées
Exercices	Énoncés pour des situations problèmes, la réponse est juste ou fausse
Jeux pédagogiques	Situations problèmes à convivialité plus forte. Compétitions entre les participants ou les équipes
Études de cas	Permettent de se confronter à une série de situations problèmes enchaînées. On s'intéresse au résultat obtenu et à la démarche poursuivie
Jeux de rôle	Les résultats sont moins importants que les comportements qui sont observés
Simulations	On s'intéresse à tous les paramètres qui guident la conduite

Figure 30

Les exercices et autres mises en situation sont importants car ils permettent de s'entraîner et d'adapter ce qui a été assimilé. Pratiquement :

- ▸ Ils doivent être orientés selon l'importance et la nature des connaissances auxquelles ils se réfèrent. Leur durée ne doit pas être excessive.
- ▸ Ils doivent comporter des interventions de recentrage par l'animateur.
- ▸ Ils doivent inciter les différentes personnalités qui composent le groupe à une participation maximale à la dynamique de celui-ci.

Animer

Les exercices et quiz doivent comporter un corrigé ou des éléments de réponse. L'animateur doit maîtriser parfaitement le corrigé. S'il n'y a pas de bonnes solutions, il convient de prendre du temps pour analyser les démarches et proposer des guides d'action.

Lors de la mise en place de tous ces exercices, de ces mises en situation, l'animateur prend des risques :

- en explicitant mal les consignes ;
- en laissant s'éterniser un exercice car le groupe risque de s'accrocher à des détails en oubliant le sens de l'exercice ;
- en faisant trop d'exercices ou trop peu d'exercices ;
- en distribuant un exercice en même temps que le corrigé correspondant.

Les pauses

fiche 59

Les pauses sont des moments importants en formation. Elles permettent d'échanger en dehors du cadre, de dire certaines choses et de mieux se connaître. Durant ces pauses, l'animateur ne doit pas disparaître ; au contraire, il doit se rendre disponible et se mettre à l'écoute des participants. Il convient de bien gérer ces moments qui risquent de déborder ou de déraper…

- Si vous ne respectez pas scrupuleusement votre timing. En débordant sur la pause, vous paraîtrez manquer de professionnalisme, et en prolongeant la pause, vous paraîtrez démagogique et en contradiction avec le management.

- Si vous gérez mal le passage entre votre attitude d'animateur et celle de participant. Durant les pauses, mettez-vous à l'écoute, soyez disponible sans vous mettre en avant.

- Si vous abusez de ce qui est mis à disposition pour la pause : rafraîchissements, collation…, votre autorité s'en ressentira ensuite, et vous risquez de prendre la part des autres.

- Si vous prolongez les apartés personnels pendant les pauses, vous perdez de belles occasions d'être témoin de la dynamique du groupe, mais cette fois-ci sur des thèmes moins stricts que ceux du séminaire, et vous donnez l'impression de ne pas vous intéresser à tout le groupe.

- Si vous fuyez vers votre téléphone portable pour répondre à tous vos messages, vous montrerez que vous êtes très courtisé mais que vous n'êtes pas suffisamment disponible.

Animer

- Si vous fuyez le groupe pour résoudre des problèmes de logistique.
- Si vous oubliez que vous représentez une entreprise précise dont vous devez maintenir l'image de marque.

Afin de réussir les pauses, d'en tirer le maximum de profit pour l'équilibre du groupe, il convient de :

- Faire les pauses dans les temps prévus, car certaines personnes peuvent avoir prévu de téléphoner ou de se faire appeler au moment précis de la pause.
- Limiter les apartés pendant les pauses.
- Maîtriser les temps de déplacement vers les lieux de repos ou de restauration – prenez-les en compte dans votre timing.
- Profiter des pauses pour renforcer les contacts personnels, solliciter les stagiaires plus réservés sur des registres moins ardus que les thèmes du séminaire.
- Ne pas chercher à faire dire aux participants qu'ils sont satisfaits de ce qui se passe... Mettez-vous à l'écoute et acceptez de parler d'autre chose.
- Maintenir un niveau de communication affective cohérent avec celui que vous observez en séminaire.

Le groupe et sa dynamique

Le groupe est un support fondamental de la formation. Accompagner un groupe en formation, qui se réunit en stage pour atteindre un objectif, nécessite de repérer les étapes de sa progression, réparties entre la fusion et le morcellement, et de conduire ainsi sa dynamique.

La création du groupe repose sur un contrat social : c'est l'objectif à atteindre, le programme ou l'ordre du jour ; qui fait quoi ? C'est aussi le contrat psychologique de respect mutuel, surtout à ce niveau de mise à l'aise permettant à chacun de trouver sa place.

La coopération est rendue possible en organisant les échanges, en les facilitant ; ce sont les premiers contacts et ajustements mutuels. La régulation des fortes personnalités est nécessaire. Celles-ci ont besoin de trouver une place particulière qui leur convienne.

Au milieu du parcours, les conditions sont favorables pour obtenir des résultats visibles, ce sont les déclics qui montrent la fécondité de la rencontre. Le rapprochement des personnes les conduit à dépasser le simple rôle social et ôter les masques. Des interventions plus personnelles se produisent alors. L'humour sous toutes ses formes peut alors s'exprimer.

C'est une fin satisfaisante, voire enthousiasmante du stage, lorsque les obstacles ont été levés et qu'une grande quantité d'énergie est disponible. On y croit et on veut agir.

Les étapes principales	Caractéristiques
Ouverture	La première rencontre du groupe. La raison de la participation est clairement reconnue
Montée en charge	Pouvoir Partenariat de soutien
Établissement des normes	Rituels Planification
Performance	Début de l'atteinte des objectifs Des schémas de comportement se dessinent
Fermeture	Le groupe n'a plus de raison d'être Prévision de retrouvailles et de nouvelles rencontres

Figure 31. Synthèse de l'évolution d'un groupe en formation

Les sous-groupes

fiche 61

La taille d'un groupe varie de deux participants à la foule. À deux, il n'y a pas de jeux d'influence, on est dans le couple ! À partir de trois, on est en groupe, les jeux d'alliance peuvent se faire. À l'autre extrémité, le groupe doit pouvoir compter ses participants. S'il ne peut le faire, c'est une foule, elle obéit à d'autres règles et ne peut pas réellement être utilisée en formation… Dans ce cadre, les sous-groupes sont une composante du groupe utile pour certaines phases de sa dynamique.

Avantages	Limites
Crée des liens entre les membres Dynamise la production Facilite l'expression du plus grand nombre Favorise la participation active de chacun Fait franchir des étapes précises Permet de différencier les points de vue sur un même thème Permet d'aborder plusieurs thèmes en même temps (un thème par sous-groupe) Peut jouer un rôle de régulation par la tâche en cas de blocage conflictuel	Demande du temps pour les trois phases : le travail en sous-groupe, la restitution de chaque sous-groupe et la synthèse Risque de développer des « micro-cultures » et parfois des « contre-pouvoirs » si les sous-groupes se constituent par affinités, toujours avec les mêmes membres Génère une certaine lassitude si les restitutions sont répétitives Ne résout pas les conflits

Figure 32. Avantages/limites des sous-groupes

Suggestions pour la conception des sous-groupes

▸ Prévoir le temps de restitution et le temps de synthèse : en principe, le travail des sous-groupes prend un tiers du temps total de la séquence.

- Prévoir un nombre et une taille de sous-groupes optimale pour atteindre votre objectif.
- Guider le groupe dans sa réflexion et son action, en lui fournissant un plan de travail, une grille de restitution et/ou en demandant des résultats tangibles.

Suggestions pour l'animation des sous-groupes

- Organiser des sous-groupes de 3 à 6 personnes, selon votre nombre de sous-groupes optimal, en fonction des sous-multiples de votre nombre total de stagiaires et en fonction du mode de restitution choisi.
- Prévoir des locaux ou des lieux adaptés à des fonctionnements de sous-groupes.
- Inscrire les consignes de travail au tableau de papier : durée, objectif, rôle du rapporteur, modalités de restitution, rôle de l'animateur.
- Rester attentif au déroulement du travail des sous-groupes : réguler et faciliter si nécessaire.
- Utiliser différentes techniques de restitution permettant de ne pas refaire en grands groupes les débats survenus en petits groupes.

Le groupe est hétérogène

fiche 62

Tout groupe est par définition hétérogène. La communication naît de ces différences. C'est parce que nous sommes différents que nous communiquons. Au sein du groupe en formation, la communication entre les membres du groupe sera d'autant plus féconde que les différences seront reconnues. Toutefois, de trop grandes différences entre les participants risquent d'entraîner des échanges un peu trop longs et difficilement compatibles avec le temps de formation imparti. Pour gérer et intégrer les différences entre les participants :

- Posez le problème des différences dès le début du stage, utilisez-le en montrant que c'est normal, attendu.
- Rendez positif ce qui pourrait être perçu comme un obstacle : expliquez la richesse des différences, encouragez les échanges et rencontres.
- Demandez au début « qui sait quoi » du thème traité. Cela permet d'utiliser les connaissances des participants comme une ressource.
- Donnez l'occasion à ceux qui savent de faire des exposés et des démonstrations.
- Vérifiez, par moments, si ceux qui savent sont bien d'accord avec ce que vous dites.
- Ceux qui savent aident les autres.
- Permettez à ceux qui le souhaitent de s'exprimer par rapport à leurs expériences propres, domaine où chacun est aussi fort que l'autre.

Animer

▸ Si nécessaire, répartissez les participants dans les sous-groupes en fonction de leur hétérogénéité.

La mise entre parenthèses de ses valeurs, opinions et jugements est une attitude que le formateur doit s'entraîner à développer. Elle permet de mieux se centrer sur ce que dit l'autre et d'aboutir à une meilleure compréhension des différences. Le client a toujours raison dans le sens où il a toujours une bonne raison de dire ou de penser telle ou telle chose. À partir de ce principe en vigueur dans toute prestation de service, il convient de trouver la bonne adaptation de ses propos pour endiguer et exploiter les différences entre les participants et entre le formateur, les experts et les participants.

Il ne s'agit pas d'aboutir à une perte des normes et des valeurs, mais de suspendre tout jugement dans un premier temps afin d'identifier les raisons et les causes d'une intervention qu'on aurait tendance à juger a priori comme une erreur ou une faute. En ce sens, il convient aussi de :

- Ne pas faire parler que ceux qui savent ou pensent savoir.
- Faire ressentir au groupe qu'il y a une hiérarchie de mérite entre les participants.
- Ne pas renforcer des oppositions traditionnelles – privé-public, hommes-femmes, jeunes-vieux, Parisiens-Provinciaux – ou celles qui seraient en vigueur dans l'entreprise ou sa hiérarchie – agents de maîtrise-cadres, managers-opérateurs, productifs-administratifs, créatifs-gestionnaires…

Utiliser des outils

63 ➔	**Les supports pédagogiques sur papier**
64 ➔	**Le vidéoprojecteur**
65 ➔	**La vidéo**

fiche 63

Les supports pédagogiques sur papier

Vous allez animer en utilisant des supports. Il convient de les utiliser au mieux ;

Si vous utilisez le tableau de papier

Vous prenez des risques :

- En développant un thème face au paper board et en tournant le dos aux participants.
- En écrivant sans faire de commentaires.
- En laissant dans la liasse des feuilles auxquelles vous vous référez ensuite. Déchirez-les et, si possible, affichez-les au mur.
- En surchargeant votre feuille d'informations.

Si vous utilisez un tableau

- Placez-vous à côté du tableau, ne le cachez pas, ne tournez pas le dos aux participants.
- Soyez lisible : formats, caractères, symboles, abréviations.
- Variez les stimuli en introduisant des couleurs, des espaces.
- Présentez de façon attrayante : espaces, formes…
- Écrivez l'essentiel : pas de remplissage.
- Utilisez-le pour tous les mots techniques compliqués, pour les titres, les numéros d'articles, toutes choses utiles l'espace d'un instant, que vous effacerez ensuite.

Si vous utilisez un rétroprojecteur

- Placez-vous à côté du rétro, ne le cachez pas, ne tournez pas le dos aux participants.
- Si vous écrivez sur un slide, soyez lisible : formats, caractères, symboles, abréviations, variez les stimuli en introduisant des couleurs, des espaces et présentez de façon attrayante : espaces, formes…
- Préférez la superposition de transparents plutôt que de cacher des parties.

Si vous devez faire circuler ou distribuer des documents, énoncés d'exercices, corrigés, tableaux…

- Distribuez les documents après en avoir parlé ou pendant que vous les commentez oralement ; sinon, plus personne n'écoute, tout le monde feuillette.
- Distribuez les résumés d'exposés théoriques après l'exposé oral, en reprenant, succinctement, le plan. Par contre, distribuez les copies de transparents avant l'exposé.
- Distribuez les corrigés après l'exercice, et après avoir commenté à l'aide du paper board, après avoir recueilli l'accord des participants.
- Distribuez le plan du séminaire ou de la séquence après avoir communiqué le plan oralement, après l'avoir commenté à l'aide du paper board, après avoir recueilli l'accord des participants.
- Faites circuler la feuille d'émargement assez tôt dans le déroulement de la journée.

▸ Vous pouvez laisser à disposition les documents d'évaluation de la satisfaction dès le début de l'action… En ce cas, vous les aurez commentés dès l'ouverture. Préférez les distribuer en fin de session !

Le vidéoprojecteur

fiche 64

Les conditions d'utilisation du vidéoprojecteur, appelé parfois data-show ou barco, sont nombreuses et variées. Elles attestent d'une bonne maîtrise des outils informatiques, crédibilisent certains propos, permettent de nombreuses utilisations, mais sont plus fragiles et sensibles aux aléas.

Pour	Avantages	Inconvénients	Prévoir
Présentation Powerpoint Animatique	Permet des présentations vivantes intégrant du son, des images animées…	Fixe l'animateur à la souris Pas d'interactivité Contenu programmé	Un back-up des slides
Démo logiciel	Centre l'attention de tous les participants Permet la démonstration de procédures et manipulations	Ne permet pas les manipulations par les participants	Coupler le dispositif au réseau
Utilisation Internet Intranet	Permet des démos Permet le recueil d'informations de dernière minute	Peut être lent Liaisons parfois peu fiables et exagérément coûteuses	Vérifier la vitesse de débit et la fiabilité de la liaison
Utilisation de visio, chat ou e-mail	Permet une forte liaison avec l'extérieur et une grande ouverture du stage	Risqué Liaisons parfois peu fiables et exagérément coûteuses	Bien connaître les procédures ou avoir un technicien

Figure 33. Qualités du vidéoprojecteur

Dans tous les cas, vous aurez vérifié, en faisant un essai préalable, les conditions de projection et vous aurez réglé la luminosité, la taille d'écran, le parallaxe, la netteté… mais aussi les connexions et la compatibilité de définition des écrans. Vous aurez aussi vérifié que les fils et cordons de raccord ne gênent pas les déplacements et ne présentent aucun risque… Enfin, lors de votre animation, vous prenez des risques :

- si vous ne maîtrisez pas la manipulation du micro-ordinateur et du vidéoprojecteur ;
- si vous n'avez pas testé l'installation sur place ;
- si vous ne maîtrisez pas les enchaînements de la présentation ou de la démo… Vous devez savoir quel sera l'écran suivant pour l'anticiper ;
- si vous plongez tout le monde dans le noir ;
- si vous utilisez vos batteries ou que vous avez mal réglé votre économiseur d'écran ;
- si vous utilisez un pointeur infrarouge depuis trop loin ;
- si vous ne vous êtes pas entendus sur les compatibilités avant votre arrivée. En ce cas, apportez votre propre matériel ;
- si vous avez oublié votre rallonge et votre multiprise.

La vidéo

fiche 65

Pour	Avantages	Inconvénients	Prévoir
Présenter un document vidéo cassette ou DVD	Permet des présentations vivantes des témoignages	On regarde la TV ! Pas d'interactivité	Guider et orienter l'analyse Pas de vidéo trop longue sans pause
Utiliser le caméscope	Feed-back immédiat Faire filmer permet de montrer	Retour difficile à gérer Débriefing très long	Prendre des notes pour retrouver les séquences essentielles Éventuellement, prévoir de ne pas forcer au débriefing en public
Web TV	Actualité de la vie de l'entreprise	Encore peu développée	Avoir chargé les bons players
La visio-conférence point à point	Permet des témoignages et une certaine interaction en évitant des déplacements	Peut être lent Liaisons parfois peu fiables et exagérément coûteuses	Vérifier la vitesse de débit et la fiabilité de la liaison Prévoir des micros pour la salle
La visio conférence multipoints	Permet de fortes liaisons avec l'extérieur et une grande ouverture du stage	Très risqué Liaisons parfois peu fiables et exagérément coûteuses	Bien connaître les procédures ou avoir un technicien

Figure 34. Qualités de la vidéo

Animer

A nouveau, vous aurez vérifié en faisant un essai préalable les conditions de projection et vous aurez réglé la luminosité, le choix des chaînes, le parallaxe, la netteté… mais aussi les connexions et la compatibilité de définition des écrans. Vous saurez manier les télécommandes. Vous aurez aussi vérifié que les fils et cordons de raccord ne gênent pas les déplacements et ne présentent aucun risque…

Quelle que soit l'utilisation que vous ferez de la vidéo, présentez la séquence et donnez les points clés avant le démarrage de la cassette puisque vous ne serez plus ni regardé ni même écouté durant la projection qui suivra. Les projecteurs seront momentanément déplacés. Vous interviendrez aussi à la fin de la séquence pour clôturer l'événement et assurer la transition.

Attention encore, certains participants ont du mal à se voir en vidéo ! C'est un retour d'image et un média parfois difficile à gérer et très fortement connoté. Tout le monde n'est pas star ! Si vous utilisez la vidéo, vous devez gérer vos propres appréhensions face à la caméra et pouvoir accompagner celles des autres afin de contribuer à la meilleure diffusion du message.

partie 3

Évaluer une action de formation

Dans la première partie de cet ouvrage, l'attention a été portée sur les démarches d'ingénierie et de conception situées en amont de la formation. La réflexion et l'analyse des méthodes pédagogiques d'intervention développées dans la seconde partie ont ensuite montré que l'animation des actions de formation intègre aussi totalement et complètement les mises en situation, l'évaluation et les transferts. Elles placent les formateurs, animateurs et concepteurs au centre de tous ces processus.

L'évaluation fait ainsi partie intégrante des processus de conception et d'animation des actions de formation. En effet, elle est pleinement intégrée à la mise en œuvre et au développement des actions de développement des compétences. L'évaluation peut aussi être, à elle seule, considérée comme un outil de développement des compétences, au même titre que la mobilité, par exemple. En situation professionnelle, s'évaluer, c'est prendre conscience de ce que l'on sait, de ce que l'on sait faire. En ce sens, il convient également d'intégrer à cette réflexion sur l'évaluation plusieurs axes complémentaires : le suivi de la formation, la validation des acquis, leur certification et toutes les démarches complémentaires de l'évaluation en formation qui se situent plutôt en aval de l'action de formation elle-même.

Il s'agit en fait de constater l'ouverture du champ de la formation professionnelle qui, au-delà des réflexions sur les contenus, les méthodes ou les compétences, construit un véritable continuum entre différentes situations professionnelles devant être endossées par un même salarié au long de sa vie professionnelle. Encore mal cernée, l'évaluation de la formation est une composante pleine et entière qui fait partie du processus d'accompagnement du changement, d'évolution des métiers et des qualifications, de développement des compétences, de mobilité, de réaction et d'adaptation des personnes et des équipes.

Dans les faits, l'évaluation des actions de formation professionnelle continue des adultes puis la reconnaissance et la validation des acquis ou de l'expérience reposent sur trois approches complémentaires d'un même processus complet :
- l'orientation et la sélection ;
- la régulation et l'adaptation ;
- la validation et la certification.

Pour chacune de ces trois étapes, trois orientations peuvent être données à l'évaluation :
- le pronostic ;
- le diagnostic ;
- le contrôle.

Ces approches et orientations se combinant (voir figure 35).

	Pronostic	Diagnostic	Contrôle
Orientation, sélection	Besoins	Prérequis	Inscription
Régulation, adaptation	Attentes	Résultats	Satisfaction
Validation, certification	Indicateurs	Transferts	Audits

Figure 35. Approches de l'évaluation

Cette matrice invite à organiser la réflexion et l'action autour de chaque composant. Plus globalement, dans les faits, il s'agit de savoir s'il est possible et utile de former, de désigner les participants adéquats ; puis de savoir si la formation est efficace pour l'orienter au besoin ; enfin, de valider si le processus de formation est achevé, s'il a rempli sa fonction et s'il est donc souhaitable ou non de le poursuivre. En ce sens, l'évaluation des compétences et des actions de formation professionnelle est une activité de management pleine et entière et elle ne peut incomber seulement aux ressources humaines. Elle permet de construire, d'accompagner, de constater et de terminer. Toutes les divisions opérationnelles, tout le management participent à cette démarche qui se construit avec le support des RH, l'engagement des animateurs et les formateurs mais d'abord avec la participation pleine et entière de chaque participant.

Aujourd'hui, un dispositif d'évaluation doit être conçu lors de la phase d'ingénierie de formation. Il existe d'ailleurs des formateurs concepteurs, mais il n'existe pas de formateurs évaluateurs. C'est bien que la fonction d'évaluation ne peut être totalement dissociée de la conception ou du déroulement de l'action. La conception des dispositifs d'évaluation fait totalement partie de la démarche globale d'ingénierie de formation. Les travaux de R. F. Mager[1] montrent bien la forte corrélation qui existe entre la pédagogie par objectifs, les référentiels formation et la démarche d'évaluation puisque dans ces théories, toute démarche éducative devrait pouvoir être mesurée par des indicateurs. Cette approche très cognitive laisse évidemment l'affect loin des préoccupations productives de l'entreprise. Et ce n'est donc pas suffisant. Au-delà du simple constat qui vient d'être énoncé, les nombreux exemples tirés du courant des histoires de vie[2], par exemple, développé en accompagnement et réinsertion, le rappellent aussi.

Lorsque l'évaluation intervient au-delà de l'action de formation professionnelle, il arrive que l'on parle de validation, de certification ou d'audit. Ces différentes démarches sont pour une part assimilées à des formes d'évaluation. Toutefois, en formation, l'évaluation se distingue de la validation, de la certification ou de l'audit par le fait qu'elle est conduite en interne, qu'elle est récurrente et qu'elle fait intégralement partie du processus de la formation. La validation, l'audit et la certification peuvent être menés par des tiers et sont occasionnels.

---

1. MAGER R. F., *Comment définir des objectifs pédagogiques*, Paris, Dunod, 1991.
2. PINEAU G., LE GRAND J.-L., *Les histoires de vie*, Paris, PUF, coll. Que-sais-je ? 2002.

Évaluer une action, c'est s'inscrire dans la mesure de la performance

La terminologie utilisée pour cerner le concept d'évaluation en formation professionnelle des adultes a été considérablement enrichie ces trente dernières années. Le champ de la réflexion s'est peu à peu ouvert, au fur et à mesure de l'augmentation des investissements consentis. En ouverture de son livre sur l'organisation et le suivi de la formation, Marc Dennery constate[1] :

> « Depuis une dizaine d'années, la formation a considérablement amélioré son efficacité. Moins coûteuse, de meilleure qualité, mieux adaptée aux besoins des apprenants, elle a su faire face aux critiques de ses détracteurs et se transformer en profondeur. Cependant, il reste encore d'énormes progrès à réaliser. La productivité de la formation est encore trop faible comparée à d'autres fonctions de l'entreprise. Quelles fonctions en effet pourraient se satisfaire d'un taux d'efficience de l'ordre de 20 à 30 % ? C'est pourtant ce qu'il reste, dans le meilleur des cas, des connaissances acquises quelques mois après une formation. »

Nature de l'évaluation en formation

La réflexion et la formalisation des démarches d'évaluation de la formation professionnelle se sont structurées, même si, pour la formation comme pour tous les investissements immatériels, la complexité de l'approche, du calcul et de l'analyse est réelle.

Il convient de revenir à la source : l'évaluation est essentiellement un jugement de valeur énoncé à partir d'informations recueillies par un observateur, un tiers dont l'expertise est reconnue. Lorsqu'il porte sur des personnes plus que sur des actions, ce jugement de valeur peut correspondre à des intentions très différentes. Pour interpréter l'information recueillie

---

1. DENNERY M., *Organiser le suivi de la formation*, Toulouse, ESF, 1997.

concernant l'apprentissage et la formation, des comparaisons peuvent être effectuées entre différents groupes ayant suivi des parcours différents. Généralement, on situe la position d'un apprenant en fonction des autres. Toutefois, on tend aussi, et de plus en plus, à intégrer la comparaison entre les propres performances d'un même individu avant et après un apprentissage donné. Ces deux grandes tendances de l'évaluation – diachronique et synchronique – vont permettre de développer toute une série de démarches complémentaires.

Dans un premier temps, il convient de distinguer deux grandes méthodes générales : l'évaluation sommative et l'évaluation formative :

- *L'évaluation sommative* prend place généralement à l'issue d'une période de formation et se propose de vérifier si l'apprenant a acquis ou non l'ensemble des savoirs, savoirs théoriques, méthodologiques ou pratiques, visés par la formation. Elle prend donc la forme d'un bilan assez général et, dans le cas de tests de fin d'action, peut conduire à une certification. Une simple note, si elle prétend repérer un niveau assez général d'acquisition, relève de l'évaluation sommative.

- *L'évaluation formative* est liée beaucoup plus étroitement au processus de formation. Son objectif est de guider l'apprenant dans son travail. À cette fin, on recueille des informations relatives aux difficultés de formation. Ces informations sont interprétées afin de dégager les causes probables des difficultés rencontrées. Sur la base de cette interprétation, le formateur adapte ses aides pour faciliter l'apprentissage. L'évaluation formative a donc pour but de faciliter la progression des apprentissages. Elle a lieu pendant l'apprentissage alors qu'une action pédagogique peut être entreprise dès que le diagnostic est posé. On peut prescrire divers types d'activités correctives ou d'activités d'enrichissement selon l'information recueillie.

À titre d'exemple, le permis de conduire associe partiellement ces deux modalités : sommative pour le code et plutôt formative pour la conduite.

Ces deux méthodes ne sont pas suffisantes pour décrire un dispositif d'évaluation. Au sein de ce dernier, il peut y avoir ou non formalisation du contrat d'évaluation, on parle alors d'évaluation implicite versus explicite :

- l'évaluation *implicite* consiste à manifester par des remarques ou par des attitudes non verbales une appréciation fugitive sur les résultats ou les productions ;
- l'évaluation *explicite* prend la forme d'une note ou d'une appréciation.

On considère aussi que l'évaluation peut être individuelle ou collective ; qu'elle peut être réalisée par des tiers ou, comme pour l'auto-évaluation, être menée par l'apprenant lui-même à l'aide d'outils. Enfin, les démarches de 360° feed-back montrent encore que l'évaluation peut être aussi bien conduite par la hiérarchie, les pairs ou les collaborateurs. Évidemment – et les fiches pratiques proposées dans notre partie suivante en témoignent –, les axes de réflexion qui viennent d'être présentés ne sont pas exclusifs les uns des autres, et les systèmes d'évaluation mêlent souvent de l'individuel et du collectif, du sommatif et du formatif… Dans l'arsenal des outils et des méthodes, le formateur, animateur ou concepteur, n'a plus qu'à faire un choix qui soit en adéquation avec son institution, ses buts et objectifs.

Objet de l'évaluation en formation

Depuis les recherches de D. L. Kirkpatrick[1], il est courant de considérer quatre niveaux d'évaluation en formation : le niveau

---

1. KIRKPATRICK D. L., « Evaluation of training » in *Training and development handbook*, R. L. CRAIG et L. R. BITTEL (eds), New York, Mc Graw Hill, 1967.

des opinions et de la satisfaction, le niveau des apprentissages, le niveau des comportements et celui des résultats opérationnels au poste de travail. Actualisant cette approche, G. Le Boterf[1], pour évaluer les effets et les efforts de la formation, distingue trois niveaux d'impact d'un plan ou d'une action de formation :

- les effets sur les capacités et connaissances acquises en cours ou en fin de formation ;
- les effets sur les comportements professionnels en situation de travail ;
- les effets sur les conditions d'exploitation.

Il s'agit bien de savoir dire ce que la formation devra, ou aura, modifié dans les représentations puis dans le comportement individuel du salarié et dans la performance collective de l'équipe qu'il rejoint au terme de l'action de formation suivie. Cette évaluation est importante pour le salarié, pour l'encadrement et pour les formateurs. Tous tireront profit de la démarche mise en œuvre. Le défi est grand car il s'agit de mesurer, d'évaluer un impact tout au long du process. Évidemment, l'évaluation est utilisée au terme de l'action ; dans la réalité, elle la cerne pour mieux la circonscrire.

Le tableau suivant permet de mieux cerner les phases chronologiques de l'évaluation en formation continue des adultes en formation (figure 36).

---

1. LE BOTERF G., *Ingénierie et évaluation des compétences*, Paris, Éditions d'Organisation, 2002.

Quand	Nature de l'évaluation	Par qui
Avant la conception	Évaluation des besoins	Services et RH
Lors des inscriptions	Évaluation des prérequis	DRH
Lors de l'ouverture	Évaluation des attentes	Animateur
Lors du déroulé	Évaluation des acquis Évaluation des objectifs Régulation des relations	Animateur
Lors de la clôture	Évaluation de satisfaction	Animateur + RH
Plus tard	Évaluation de l'efficacité	RH et services
Enfin	Évaluation de l'efficience	RH, DAF, management

Figure 36. L'évaluation : quand, pourquoi, par qui

Mais il est évident que l'évaluation porte autant sur l'acquisition des connaissances ou compétences que sur l'atteinte des objectifs. Ces champs peuvent être spécifiques à l'exercice d'une profession. Aptitudes, capacités, connaissances et compétences sont toutes engagées dans un même processus d'évaluation qui, au bout du compte, ne retient qu'une forme d'expression : la performance. Avant toute autre chose, réussir une évaluation, c'est être capable de témoigner sous les formes requises. C'est évidemment une forme d'insertion dans une culture spécifique comprenant ses valeurs, ses codes et ses représentations.

L'évaluation porte principalement sur les acquis des participants. Mais elle porte aussi sur les objectifs impartis aux actions. Il est nécessaire que les actions de formation soient donc formulées en termes d'objectifs quantifiables et mesurables. Une double démarche sera alors menée par le formateur : évaluer d'abord des acquis et ensuite l'atteinte des objectifs. La première étape sert la seconde. C'est durant la phase de conception et d'ingénierie que cette démarche globale se met en œuvre. La formulation stricte des objectifs telle qu'elle a été décrite dans les fiches le permet.

Outils d'évaluation

En formation professionnelle continue, lorsqu'un formateur a recours à l'évaluation, il peut très bien émettre un jugement peu objectif ou partiellement erroné. Dans ce cas, le problème de la qualité de la démarche se pose puisque l'objet de la démarche d'évaluation serait de fournir des repères pour une vision objective. Quel formateur peut être certain d'évaluer objectivement ? De nombreuses recherches sur l'évaluation démontrent toute la difficulté à maîtriser cette objectivité.

La mythologie nous fait part d'une légende bien significative pour la formation professionnelle et l'évaluation. Elle présente Pygmalion, un fameux sculpteur, en quête d'une épouse à la plastique idéale. Mais tout roi qu'il était, Pygmalion ne trouvait pas son bonheur. Alors il décida de sculpter une statue en ivoire figurant au mieux la jeune femme qu'il avait cherchée en vain. Une fois la statue achevée, Pygmalion la trouva parfaite et à son goût. Si parfaite qu'il fut même pris de la plus vive des passions pour son œuvre, qui n'en demeurait pas moins désespérément inerte et froide. Aphrodite, déesse de l'amour, prit le roi en pitié et donna alors vie à la statue. Ainsi, Pygmalion put l'épouser et en eut même un fils.

Ce mythe de Pygmalion fut entretenu par de nombreux artistes. Aujourd'hui, Pygmalion est aussi un mythe fort en formation et présent pour la réflexion en évaluation puisqu'il représente une personne qui désire si ardemment qu'une autre personne soit telle qu'il se la figure qu'il tente de la « remodeler » ou, plus simplement, qu'il finit par la voir telle qu'il voudrait qu'elle soit et non pas telle qu'elle est.

Pour tenter de contourner ce mythe séculaire, le formateur se retranche derrière des informations objectives recueillies, et sur lesquelles il va fonder son jugement évaluatif. Les informations doivent posséder deux propriétés : que celles-ci soient sommatives ou formatives, elles doivent être fiables et pertinentes, sinon l'évaluation ne pourra remplir sa fonction. La notion de fiabilité, ou de fidélité, ou encore d'objectivité telle qu'elle a été décrite au paragraphe précédent, se rapporte aux erreurs de mesure ou aux divergences d'interprétation. La notion de pertinence est relative à l'adéquation entre les informations recueillies, considérées sous l'angle de leur forme et de leur contenu, et la fonction de l'évaluation visée. Fiabilité et pertinence prennent alors des formes sensiblement différentes selon la fonction de l'évaluation qui est privilégiée.

Pour favoriser cette objectivité, il est possible de l'instrumenter. Mettre en place et instrumenter un dispositif d'évaluation permet de découvrir alors les nombreux produits développés à cet effet. Ils ne font pas défaut : tests, questionnaires de tous ordres, à choix multiples ou plus ouverts, enquêtes de satisfaction, analyses de contenu, grilles d'analyse, entretiens de différents styles, jeux de rôles ou simulateurs… Ils sont diffusés sur supports papier ou disquettes, et sont en ligne sur les réseaux. Certains outils sont même des générateurs vides de contenus qu'il convient de remplir à sa guise.

À ce terme, la description des outils et des démarches permet de croire qu'une formation peut être évaluée dans tout son processus. Or, aussi sophistiquées soient-elles, les techniques et méthodes ne permettent que d'objectiver les impressions. Elles ne conduisent pourtant pas à lever certaines ambiguïtés car elles n'attestent pas. Et les décideurs, les patrons et l'encadrement attendent des preuves ou des certitudes. Pour M. Reuchlin[1] :

---

1. REUCHLIN M., *Les méthodes en psychologie*, Paris, PUF, 2002.

> « Le critère de la valeur scientifique d'une méthode d'observation réside dans le caractère contrôlable des résultats qu'elle fournit. Ce contrôle implique une possibilité de répétition... »

À cela il faut ajouter qu'en termes scientifiques, si l'on veut attester de l'efficacité d'une action de formation, il conviendrait de monter un protocole de type pré-test, post-test, éventuellement test de rétention. Pour affiner cette approche, en plus du groupe expérimental, il faudrait mettre en place un groupe contrôle ; autrement dit, mesurer la progression d'un groupe d'apprenants entre deux points fixes en la comparant à celle d'un groupe n'apprenant pas dans les mêmes conditions et répéter l'opération. En entreprise, ces plans n'existent pas car les salariés ne sont pas des rats de laboratoire et parce qu'il serait parfaitement incongru de comparer un groupe d'apprenants suivant une modalité de formation à un autre groupe apprenant avec une autre modalité. De ce fait, en formation, les mesures d'efficacité parfois avancées sont généralement plus commerçantes que scientifiques.

Pour l'illustrer, G. Masclet[1] a mené une étude dans deux entreprises de la grande distribution de la région Nord. Il s'agissait d'évaluer les effets de la formation sur le transfert des apprentissages au poste et de mesurer le retour d'investissement. Des indicateurs de performance concernant le volume des ventes ont été retenus. Les conclusions sont assez significatives. L'analyse conduit l'auteur à montrer que les corrélations ne sont pas aisées et qu'un véritable champ de recherche doit être ouvert ! Les avancées des recherches sur l'évaluation passeront en premier chef par celles des travaux sur les compétences des formateurs.

---

1. Communication aux biennales de l'Éducation et de la Formation.

Appliquer

La formation professionnelle des adultes se justifie par les compétences qu'elle permet d'acquérir mais aussi et surtout par celles qu'elle permet d'exercer à terme. L'objet visé est bien le transfert de ce qui est appris en formation à la réalité professionnelle du salarié. Différents dispositifs permettent d'évaluer ce transfert. En marge, mais en relation avec l'évaluation, les entreprises d'entraînement sont certainement l'un des plus beaux exemples de cette dynamique.

Une entreprise d'entraînement pédagogique est un support pédagogique pour une formation individualisée dans le domaine du tertiaire. Dans la logique *assessment center* développée aux États-Unis depuis la fin des années cinquante, elle correspond aussi à de véritables projets d'insertion. Une Entreprise d'Entraînement Pédagogique (EEP) se veut l'image identique d'une PME au sein d'un marché économique concurrentiel fictif. Il s'agit d'un outil de formation, d'insertion et d'évaluation, basé sur la simulation des conditions de travail d'une entreprise réelle.

À des fins de formation, l'EEP reproduit donc en grandeur nature toutes les fonctions – hormis celles de la production – des services d'une entreprise. Elle étudie le marché, crée des modèles, fait de la publicité, s'approvisionne en matières premières, transporte, stocke, planifie, étudie les méthodes de fabrication, lance la production, vend ses produits[1]… Les 140 EEP françaises ont déjà accueilli près de 35 000 stagiaires. Elles sont décentralisées en région et sont en relation directe avec le bassin d'emploi. Elles sont donc plutôt orientées andouilles à Vire et bêtises à Cambrai !

Ainsi, toutes les fonctions du secteur tertiaire de la PME se retrouvent dans cette entreprise fictive. Les documents officiels

---

1. *Formation magazine*, n° 4, octobre 1999.

eux-mêmes (chéquiers, factures, documents comptables, documents de douanes, etc.) sont des fac-similés fournis par le Réseau Français des Entreprises d'Entraînement ou Pédagogiques (REEP). L'EEP est fictive mais les tâches à réaliser au sein de ses différents services sont réelles. La simulation permet de mettre en place des évaluations sommatives. Le travail en équipe des salariés apprenants, la vision globale du rôle de chaque poste au sein de l'EEP favorisent aussi l'acquisition d'une certaine expérience professionnelle, directement transférable à la réalité de l'entreprise.

Évaluer une action, c'est s'inscrire dans une dynamique qualité

Dans les entreprises réelles, les responsables de formation gèrent des budgets importants et souvent considérés comme de réels investissements puisqu'ils représentent de 0,9 à 9 % de la masse salariale. Dans ce contexte, les financeurs, les prescripteurs, les managers et les partenaires sociaux se soucient du retour sur investissement, de la rentabilité, de l'efficacité et de l'efficience de la formation professionnelle continue qu'ils financent. Ils développent alors des stratégies de contrôle et d'accompagnement.

Il existe des audits financiers, sociaux, informatiques, de sécurité, d'organisation… L'audit de formation s'inscrit dans la lignée de ces différentes démarches qui constituent l'audit de performances. Le recours à une assistance pour crédibiliser le contrôle ou l'accompagnement devrait permettre d'optimiser ou d'attester la qualité et la rentabilité des actions de formation. Il s'agit d'établir un bilan argumenté d'une action de formation, d'un dispositif, d'une entité et d'individus organisant ou intervenant dans le champ de la formation professionnelle continue.

L'audit vient confirmer et préciser un bilan qui a déjà été en partie construit en interne. Le terme et la démarche sont encore mal stabilisés, comme A. Meignant le constate :

> « Le terme d'audit de formation a souvent donné lieu à toutes sortes de confusions dans le domaine de la formation, notamment parce que son étymologie suscite de la part des milieux non avertis une association d'idées immédiate : audit = écouter = enquête[1]. »

Pour lever les ambiguïtés, convenons que la méthode d'audit en formation est basée sur l'analyse de données constituées de la prise de connaissance de l'environnement, d'entretiens, de l'observation, de tests de conformité voire de *benchmark*. À la différence des audits financiers, systématiques et récurrents, lors de la mise en place d'un audit de formation, généralement, les attentes du client se situent plus dans une perspective prospective, en vue de conduire des actions correctives voire un ré-ingéniering total ou partiel. Toutefois, lors de l'octroi de subventions publiques, par exemple, les commandes d'audit peuvent avoir de simples fonctions de contrôle de conformité aux engagements.

Au niveau européen, national ou régional, notamment lorsque des subventions sont allouées, les exemples d'expertises et d'audits de conformité entre les projets et les réalisations sont nombreux. Ils conduisent parfois à recruter, dans le cadre du montage d'un projet, un partenaire en charge de l'évaluation, du contrôle interne et de l'accompagnement.

L'expérience montre, qu'en formation, l'audit externe est mené par une tierce partie avec un souci d'objectivité, d'impartialité et de rigueur. La technique d'audit appliquée à la formation est systématiquement caractérisée par deux composantes :

---

1. MEIGNANT A., *Manager la formation*, Paris, Éditions Liaisons, 2001.

l'équipe et la méthode. L'équipe impliquée permet la véritable coproduction de l'audit. La méthode déclinée par l'équipe est articulée autour de trois grandes phases successives : la planification, l'exécution et la finalisation, à l'occasion desquelles les principes de l'audit en formation se traduisent par des actions concrètes.

Avant d'engager l'audit et de construire l'équipe et la démarche, il est nécessaire de bien cerner le périmètre de l'audit. Réalisée avant la commande, cette étude du périmètre de l'audit est donc essentielle. Elle va notamment conduire à recruter des partenaires et des experts pour mettre en place des méthodologies d'approche appropriées. À titre d'exemple, une démarche pourra être très focalisée pour l'audit de pratiques individuelles ou beaucoup plus large, pour l'audit d'un service formation. Plusieurs types d'audit peuvent ainsi être engagés (voir figure 37).

Audit	Principales modalités d'application	Rendu
Pratiques professionnelles de formation	Évaluation de la performance des pratiques de formateurs ou de tuteurs	Accréditations – homologations
Actions de formation professionnelle	Mesure de l'efficacité d'une action de formation précise Cette démarche peut être renouvelée sur plusieurs exercices	Attestations
Outils de formation	Qualification des effets induits par l'utilisation d'outils ou de services de formation on line ou off line	Labels
Dispositifs de formation	Analyse du rendement d'un ensemble de dispositions permettant à des salariés d'entreprise d'accroître leurs compétences	Plan de formation

.../...

Services ou départements	Recherche de productivité d'entités en charge d'organiser, de planifier et de mettre en œuvre des actions et des dispositifs de formation	Certification

Figure 37. Les audits de formation

La communication des résultats des démarches d'audit ou d'évaluation concerne autant les participants que les commanditaires. À cette fin, une attention toute particulière sera portée au plan de communication. Il permettra de définir clairement la nature des résultats communiqués en fonction des destinataires.

Évaluer une action, c'est s'inscrire dans la certification des compétences

Il est évident que toute la réussite d'une démarche de formation est attestée par l'évaluation. Pour être complets, les résultats des évaluations doivent être communiqués et diffusés à ceux qui ont et vont prendre part à la formation. À nouveau, cette communication peut être implicite et trouver, par exemple, dans le bouche-à-oreille les meilleurs canaux de diffusion. Elle peut aussi prendre des formes plus explicites et institutionnelles, qui sont alors codifiées et parfois même formalisées.

Il ne suffit plus aujourd'hui de former. Il faut reconnaître les acquis et communiquer les résultats selon une démarche qualité : dire ce que l'on va faire, faire ce que l'on a dit et le montrer. L'effort d'évaluation n'est complet que s'il s'accompagne d'une réelle prise de responsabilité et que tous, dans une logique d'entreprise étendue, peuvent le constater. Aujourd'hui, certaines entreprises communiquent plus volontiers sur les démarches formation qu'elles mettent en place. Les différents trophées et concours le montrent d'ailleurs. Mais l'effort est encore grand pour faire admettre aux formateurs que leur action n'est pas terminée au dernier jour du stage et au rendu de la feuille d'émargement, que le travail de communication et de reconnaissance formel et informel des acquis doit être entrepris avec les stagiaires et que cette mission doit être accompagnée, elle aussi par la formation et les formateurs.

Au terme d'évaluations, d'audits, d'expertises ou d'études, il est aujourd'hui possible de certifier des démarches individuelles ou collectives (cf. figure 38).

Démarches	Certification	Outils
Individuelles	Des compétences	Validation des acquis VAP, de l'expérience VAE, CQP, certificats, diplômes...
Collectives	Des dispositifs	Normes, labels

Figure 38. Les outils de la qualité en formation

Deux enjeux sont en fait mis en avant dans ces démarches de certification : la rationalisation et la lisibilité. Les procédures aboutissant à la certification sont plutôt développées par référence à des soucis de qualité. Dans ces démarches de qualité, si les procédures de constitution de la demande sont observées, les résultats de la formation sont rarement qualifiés, ils sont plutôt évalués. De même, les contenus sont souvent référencés, mais les outils et les démarches sont rarement considérés.

Certification et validation de démarches individuelles

En 1996, le rapport de Virville préconisait de mettre en place de nouveaux modes de qualification et de reconnaissance et de validation des acquis professionnels propices à l'apprentissage. Il ne suffit plus d'évaluer, il faut aussi reconnaître. Toutefois, l'enjeu est délicat et l'environnement complexe. « Comment s'y retrouver, comment s'orienter parmi environ 1 700 diplômes et titres professionnels délivrés par les ministères au nom de l'Etat, 377 certificats de qualification de branche, plus de

900 titres homologués par l'Etat délivrés par des organismes privés ? »[1]

Dans cette jungle à la française, le modèle répandu est celui des titres et diplômes homologués délivrés par l'Education nationale parfois acquis par unités capitalisables. En parallèle, il existe aussi des Certificats de Qualification Professionnelle (CQP) proposés par les branches professionnelles. Les CQP font aujourd'hui intégralement partie des reconnaissances de la professionnalisation. L'interprofessionnel recherche aussi des modèles de certification de compétences. Il existe aussi des habilitations et homologations rencontrées dans certaines grandes entreprises. Ces systèmes sont établis. Il n'est pas question d'y revenir bien que la réflexion des formateurs montre que ces systèmes ne sont pas toujours appropriés pour rendre compte des compétences et aptitudes au travail. « Les diplômes délivrés sous l'autorité de l'Etat, dans un pays où l'histoire de la République est largement liée à celle de l'école, ont longtemps joué la fonction de grands ordonnateurs des hiérarchies scolaires, professionnelles et sociales. Ils font aujourd'hui l'objet de critiques de plus en plus ouvertes… »[2] En formation, il convient alors d'interroger d'autres modèles comme celui de la VAE.

Par la loi de modernisation sociale du 18 janvier 2002, la validation des acquis professionnels et de l'expérience VAE donne accès à un répertoire plus large de diplômes que ne le prévoyait la loi sur la VAP de 1992. Désormais, toute personne engagée « depuis au moins trois ans » dans la vie active peut obtenir « tout ou partie d'un diplôme ou d'un titre à finalité professionnelle » en faisant valider les acquis de son expérience professionnelle, mais également celle de bénévole[3].

---

1. *Ibid*
2. LIETARD B. « La reconnaissance des acquis, un nouvel espace de formation », in *Traité des sciences et techniques de la formation*, Dunod
3. Voir chapitre 1.1 les années 2000.

Evaluer

L'Accord National Interprofessionnel de décembre 2003 a entériné, pour les salariés, le droit de bénéficier d'une démarche individuelle, d'un bilan de compétences ou d'une VAE, pendant ou en dehors du temps de travail. Il a même précisé un accès prioritaire à certaines personnes comme c'est le cas des salariés qui ont 20 ans d'activité et au moins 45 ans. Dans ce cas, le salarié bénéficie d'une priorité d'accès à la VAE et d'un bilan de compétence mis en œuvre hors temps de travail et financé dans le cadre du CIF ou DIF.

La loi du 4 mai 2004 reconnaît donc que la pratique d'un travail permet d'acquérir des connaissances et qu'elle produit des « qualifications, tout comme la formation professionnelle ». La validation des acquis de l'expérience permet ainsi, au même titre que la formation initiale traditionnelle, l'apprentissage, et la formation continue, d'être la quatrième voie d'accès aux diplômes. En ce sens, c'est bien un dispositif qui s'inscrit dans la formation tout au long de la vie[1].

Plus la formation se développe en cohérence avec le système de gestion des ressources humaines de l'entreprise, plus la logique compétence va être étendue et investie ; plus la recherche de solutions de reconnaissance et de validation va être forte. Actuellement ce champ de recherche et de pratique est encore naissant mais il y a de forte chance que ce domaine connaisse, dans les prochaines années, un essor croissant.

Certification de démarches collectives

Le souci de la qualité est devenu progressivement assez central en formation, à l'image des entreprises et institutions qu'elle accompagne. La formation professionnelle continue est une activité de services. La relation entre le commanditaire et le prestataire de formation peut être assimilée à une relation

---

1. Un site permet de consulter tous les titres, diplômes, Certificats de Qualification Professionnelle : www.cncp.gouv.fr.

client-fournisseur, avec toutes les conséquences qui en découlent. La démarche qualité, définie comme « l'aptitude d'un produit ou d'un service à satisfaire les besoins exprimés ou implicites[1] », trouve donc dans la formation professionnelle continue des salariés un terrain naturel d'application.

> « Les trois solutions institutionnelles (qualification, certification, labellisation) se présentent d'abord comme une réponse à des besoins de transparence du marché. Elles mettent en jeu des logiques, partiellement différentes, souvent imbriquées, qui concernent les organismes de formation mais aussi les entreprises qui souhaitent ce service et dont la capacité à tenir leur rôle de coproducteur demande à être renforcée[2]. »

Ayant fait la preuve d'une certaine efficacité dans le domaine industriel puis dans les activités de service, la démarche qualité, instrumentée, avec son système de normes et de certifications, a servi de modèle au secteur de la formation professionnelle continue. Alors, les « outils » du secteur industriel, normes, certifications, qualifications, ont été adaptés au secteur de la formation professionnelle. En formation professionnelle, les grands outils de la qualité sont : les labels, les chartes de qualité, les normes Afnor, les normes ISO (voir figure 39).

---

1. Afnor NF X 50-120.
2. Y. MANENTI, J. BONAMY, « Institutionnalisation de la qualité et enjeu de professionnalisation », *Éducation permanente*, n° 126.

Engagements	Outils
Moraux	*Labels* (tels qu'Excelangues, destiné aux Centres d'étude de langues) *Chartes de qualité* (tels « Les dix commandements de la qualité pour un organisme de formation » de l'Unorf, le CCS des CCI, etc.) *Autres dispositifs* internes ou licences mixtes par exemple
D'amélioration des processus	*Normes Afnor*
De mise sous assurance qualité	*Normes ISO* accompagnées de la certification interne ou externe. Elles sont aussi considérées comme des outils de management

Figure 39. Les outils de la mise sous assurance/qualité de la formation

Ces outils sont complémentaires. Ils peuvent aussi être cumulatifs. Par exemple, les normes Afnor sont structurantes et ce sont aussi des engagements moraux. Grâce à ces outils et démarches, progressivement, le champ de la formation continue s'organise pour être plus proche et plus comparable aux autres secteurs de la vie économique française.

Toutefois, à la question[1] : « La certification d'un organisme, quelle qu'elle soit, entre-t-elle dans vos critères d'achat de formation ? », tous les responsables formation consultés répondent : « Non ! » La certification de qualité n'est donc pas un véritable atout différenciateur d'achat de formation. Il semblerait ainsi que ces démarches de qualité fassent simultanément avancer la réflexion des organismes et de leurs clients directs. Les responsables de formation en entreprise privilégient d'autres aspects, comme les coûts, les références de l'organisme, la rencontre…

---

1. Christian THEVENY, « La démarche d'achat de formation », AFP n° 166, p. 105.

Dans ce contexte, on peut sans doute considérer que la certification a été structurante pour le secteur de la formation. Toutefois, les retombées directes ne sont pas évidemment perceptibles en termes de marché. Sans doute, là comme ailleurs, le marché de la formation professionnelle continue des salariés obéit à d'autres régulations que celles d'un second marché, celui des normes de qualité ! Non qu'il faille alors brûler sur l'autel du libéralisme ces démarches de qualité… Il convient toutefois de les relativiser et de considérer avec parcimonie leurs apports. Si elles confortent encore le management des activités de formation, elles ne sont sans doute plus aussi admirées par les professionnels qu'elles ne le furent à l'origine.

La mise en œuvre de l'évaluation des participants pose de réelles questions lorsqu'on s'éloigne des sentiers battus et que l'on cherche à approfondir le sujet. La hiérarchie est toujours présente dans ce débat et vient perpétuellement appliquer les principes de la reproduction chers à Bourdieu : Je reproduis les systèmes qui ont construit ma valeur. Par exemple, il convient de s'interroger réellement pour mettre en place une évaluation de personnes en démarche d'insertion alors que ces mêmes principes de l'évaluation les ont déjà en partie exclues du système. Au-delà du processus, toute la démarche interroge le formateur sur son statut et finalement sur le sens du pouvoir et des injonctions engagés dans cette démarche. Évidemment, ces interrogations subsistent dans toutes les pratiques et alimentent la recherche sur le domaine.

Évaluer, suivre, accompagner

66 ➜	Pourquoi évaluer ?
67 ➜	L'évaluation sommative
68 ➜	Le QCM
69 ➜	Exemples de QCM
70 ➜	L'évaluation formative
71 ➜	Le brainstorming

Pourquoi évaluer ?

L'évaluation permet de vérifier à chaque étape du processus de formation que le message passe bien, et cela avant, pendant et après chaque action. Évaluer, c'est aussi s'entourer des conditions de la réussite pour mettre sous assurance qualité toutes les prestations de service afférentes à la formation. C'est enfin se donner les moyens de témoigner ou de prouver que l'on atteint les objectifs impartis.

L'évaluation en formation est fortement conditionnée par toutes les recherches et expériences qui sont développées au sein de l'enseignement. En formation professionnelle continue, une bonne part des réflexions sont communes à celles sur l'enseignement, même si l'accent est plus fortement mis sur la qualité et la rentabilité. L'évaluation est répartie dans le temps autour des actions de formation. La matrice suivante permet de rappeler les principales dispositions qui structurent l'évaluation de la formation (voir figure 40).

Évaluation de	Avant	Pendant	À la fin	Après
Besoins	X			X
Ressources	X			
Prérequis	X	X		
Objectifs		X	X	
Attentes		X	X	
Acquis		X		X
Satisfaction		X	X	
Relations		X		

.../...

Évaluation de	Avant	Pendant	À la fin	Après
Efficacité		X	X	X
Transferts			X	X
Efficience				X

Figure 40. Quand et quoi évaluer

Dans cette dynamique des différents moments de l'évaluation, on distingue parfois les processus d'évaluation à chaud – qui ont lieu pendant et à la fin de l'action de formation – des processus d'évaluation à froid – qui peuvent avoir lieu sur différentes périodes, au terme échu de la formation. Dans cette approche, l'évaluation à chaud s'apparente à de la régulation et l'évaluation à froid, à du contrôle.

Toute démarche d'évaluation des acquis, des prérequis ou des compétences doit être systématiquement accompagnée d'une réflexion sur la remédiation, c'est-à-dire d'une réflexion sur les stratégies de remise à niveau destinées à ceux qui n'ont justement pas atteint le niveau. Si l'on ne répond pas à cette question, on crée inévitablement de l'exclusion, et ce n'est pas l'objet de la formation. Il n'est pas pour autant nécessaire de fuir ces évaluations mais bien de considérer que toutes les évaluations de niveau engendrent un besoin d'accompagnement de ceux qui n'ont pas atteint ce niveau.

De même, si la satisfaction des participants se constate à la fin d'une session, elle se construit durant la session et s'accompagne tout au long de cette session. Ainsi, tous les paramètres évaluables, s'ils entrent à un moment précis dans le processus, doivent faire l'objet d'une constante attention.

L'évaluation sommative

fiche 67

Une définition en a été donnée dans la présentation faite au chapitre précédent : l'évaluation sommative prend généralement place avant ou à l'issue d'une séquence de formation et permet de vérifier si l'apprenant a acquis l'ensemble des connaissances théoriques, méthodologiques ou pratiques visées par la formation. Elle prend donc la forme d'un bilan assez général et, dans le cas de tests de fin d'action, peut conduire à une certification. Une simple note, si elle prétend repérer un niveau assez général d'acquisition, relève de l'évaluation sommative.

L'évaluation sommative intervient donc en bilan, au terme d'un processus d'apprentissage ou de formation. Elle vise souvent à prendre une décision d'orientation ou de sélection en fonction des acquis. Elle permet aussi de situer les apprenants les uns par rapport aux autres.

Dans ce processus, on distingue souvent l'évaluation normative et l'évaluation critériée :

- Une évaluation est dite *normative* quand elle compare la performance d'un apprenant aux performances des autres apprenants.
- Une évaluation est dite *critériée* quand on ne compare pas l'apprenant aux autres mais que l'on fait référence à des critères : ayant atteint les objectifs, l'apprenant est-il en mesure de passer aux apprentissages ultérieurs ?

L'évaluation sommative présente plusieurs facettes (voir figure 41).

	Pour le stagiaire	Pour le formateur	Pour l'institution
Buts	Permet de vérifier qu'il y a un niveau attendu et étalonné Permet de vérifier que ce niveau est atteint	Permet d'attester que les contenus ont été transmis Permet de suivre les progressions individuelles	Permet de vérifier certains acquis
Objet	Connaissances	Réactions	Insertions
Avantages	Étalonnage et positionnement	Rapidité, conformité	Économique et synthétique
Inconvénients	Risque de distinction	Révèle l'hétérogénéité	Agrège les résultats, perte d'information

Figure 41. Stratégies d'évaluation en formation

En formation, l'animateur qui met en place une évaluation sommative endosse un pouvoir qu'il doit assumer. Les présentations ludiques permettent de ne pas dramatiser les situations, de bien les différencier des modèles scolaires, mais il convient de ne pas sombrer dans la démagogie ! Pour ce faire, le formateur doit présenter très clairement le contrat :

- dire ce qu'il faut faire et expliciter les consignes ;
- expliquer comment seront traités les résultats ;
- informer ceux à qui les résultats seront destinés ;
- rassurer quant à ce qu'il adviendra de ceux qui ne seraient pas dans les quotas.

Le QCM

Illustrant les démarches de l'évaluation sommative, le QCM, Questionnaire à Choix Multiples, est destiné à contrôler des acquis ou à vérifier des hypothèses. Il doit être assorti d'une méthodologie de traitement des réponses. En formation, le QCM est souvent utilisé en deux temps :

- *avant l'action* : pour mesurer des prérequis ou un état ;
- *après l'action* : pour vérifier la rétention ou le nouvel état.

Le QCM mesure généralement les acquis en termes de connaissances. Dans un QCM, au risque d'agréger des réponses et donc de perdre de l'information, on peut faire la somme d'items correctement remplis. Un plan de comparaison entre les résultats obtenus avant puis après une action de formation permet de constater une progression. Il est possible d'attribuer la progression à l'action de formation si et seulement si toutes les preuves sont faites qui permettent d'affirmer que les acquisitions ont été faites durant cette action de formation.

Les règles d'élaboration d'un QCM répondent à des normes strictes pour être acceptables sur le plan du traitement statistique, soit :

- 2 à 5 possibilités de réponses fournies à chaque question ;
- minimum 4 questions dans chaque QCM.

Le traitement permet de faire des sommes et de comparer des progressions, ou d'établir des tris à plat ou croisés, et éventuellement de suivre des évolutions sur des cohortes. Les puissances d'interprétation peuvent être encore accrues avec les techniques d'analyse de données et la projection dans des espaces multidimensionnels. Lorsqu'ils sont utilisés en ligne, on peut aussi raffiner en ajoutant des traitements de réponses.

Préalablement à sa première utilisation, un QCM doit, si possible, être testé afin de vérifier les effets induits et la compréhension qui en sera faite. En effet, certaines questions, par exemple, peuvent avoir des effets inducteurs, voire la question peut n'être elle-même pas pertinente (voir figure 42).

Pourquoi la bière en bouteille produit-elle plus de mousse que la bière pression ?
À cause du tonneau
À cause de la capsule
À cause du volume
À cause du transport

Figure 42. Un exemple de mauvais questionnaire

> Un QCM est un outil d'évaluation puissant mis à la disposition du formateur. Il doit s'intégrer dans une stratégie et contribuer à la formation des participants.

Exemples de QCM

Exemple 1 de QCM de satisfaction

Était-ce la première fois que vous participiez à une formation flexible ?	
Oui	
Non, j'ai déjà participé à d'autres formations	
Autre	
Avez-vous suivi cette formation ?	
Du début à la fin	
Une bonne partie mais j'ai abandonné avant la fin	
Juste le début puis j'ai laissé	
Je me suis inscrit et ne suis pas allé plus loin	
Êtes-vous satisfait de cette formation ?	
Oui, tout à fait	
Oui, partiellement	
Pas vraiment	
Pas du tout	
Je ne sais pas	
Conseilleriez-vous cette formation à un collègue ?	
Oui	
Non	
Ne sait pas	
Principales causes de satisfaction de la formation flexible…	
Aucune	

.../...

C'est amusant	
C'est rapide	
On peut se former quand on veut	
On peut se former où on veut	
Il n'y a personne pour nous retarder	
Autre	
Principales causes d'insatisfaction de la formation flexible...	
Aucune	
Cela ne fonctionne pas suffisamment bien	
C'est trop compliqué	
C'est trop lent	
Cela va trop vite	
Il n'y a personne pour nous aider	
On se sent trop seul	
On ne comprend pas ce qu'il faut faire	
On n'a pas le temps	
Autre	

Figure 43. QCM de satisfaction

Exemple 2 de QCM de contrôle de connaissances

Le e-learning est destiné :	
À tous les publics	
Aux secrétaires et assistantes	
Aux cadres commerciaux	
Au top management	
Les normes applicables au e-learning sont :	
Les normes Afnor	
Les normes LMS	
Les normes ISO	
Les normes AICC	
OPCA veut dire :	
Organisme pour la coopération active	
Organisation patronale de collecte active	
Orientation parisienne de collaboration pour l'agrément	
Organisme paritaire collecteur agréé	
Les différents modes de tutorat en ligne sont :	
Le tutorat synchrone	
Le tutorat distanciel	
Le tutorat monochrome	
Le tutorat asynchrone	
Lors de la mise en œuvre de formations en ligne, le tutorat semble :	
Nécessaire	
Superflu	

.../...

Evaluer

Obligatoire	
Interdit	
Les normes AICC sont des normes :	
Professionnelles	
Nationales	
Européennes	
Internationales	
Le tutorat e-learning peut être effectué :	
Par téléphone	
Par e-mail	
Par prise de main d'ordinateur	
Par chat	

Figure 44. Exemple de QCM

L'évaluation formative

L'évaluation formative est beaucoup plus étroitement liée au processus de formation. Son objectif est de guider et d'orienter l'apprenant dans sa démarche de formation. À cette fin, des informations relatives aux difficultés de formation sont recueillies. Puis ces informations sont interprétées afin de dégager les causes probables des difficultés rencontrées. Sur la base de cette interprétation, le formateur et le groupe en formation adaptent leurs aides et stratégies pour orienter et faciliter l'apprentissage. L'évaluation formative a donc pour but de faciliter la progression des apprentissages. Elle a lieu pendant l'apprentissage alors qu'une action pédagogique peut être entreprise dès que le diagnostic est posé. On peut prescrire divers types d'activité corrective ou d'activité d'enrichissement, selon l'information recueillie.

L'évaluation formative intervient dans le cours d'un apprentissage et permet de situer la progression de l'apprenant par rapport à un objectif donné. Dans le cas d'une évaluation formative, l'objectif est d'obtenir une double rétroaction : sur l'apprenant, pour lui indiquer les étapes qu'il a franchies et les difficultés qu'il rencontre, et sur le formateur, pour lui indiquer comment se déroule son action et quels sont les obstacles auxquels il se heurte. L'évaluation formative présente ainsi plusieurs facettes (voir figure 45).

	Pour le stagiaire	Pour le formateur	Pour l'institution
Buts	Permet de se contrôler et de s'orienter dans le processus de formation	Permet d'attester que les compétences sont en voie d'acquisition	Accroît la motivation
Objet	Compétences	Engagements	Motivation
Avantages	Active	Participative	Impliquante
Inconvénients	Discutable	Ténue	Peu de retours formels

Figure 45. L'évaluation formative

De nombreuses mises en situation sont souvent assimilées à des évaluations formatives. L'apprenant comprend où il en est dans l'acquisition des compétences et peut orienter son parcours en fonction de ce qui lui semble à acquérir.

Le brainstorming

fiche 71

Issu de l'anglais, brain, « cerveau », et storm, « tempête », le brainstorming est, d'après le Larousse, une technique de travail de groupe permettant de susciter des idées originales en faisant appel aux suggestions individuelles.

Il s'agit bien d'une technique d'animation de groupe qui peut aussi s'apparenter à un outil d'évaluation formative. En effet, par cet exercice au sein du groupe, chaque individu et le formateur peuvent confronter leurs perceptions, connaissances, conceptions et représentations et ainsi orienter des axes de progrès.

Mis en place pour produire aisément et librement un grand nombre d'idées sur un thème donné, dans des conditions qui facilitent la participation et la créativité des participants, le brainstorming peut être utilisé au démarrage d'une action pour faire le point sur les connaissances et représentations détenues dans le groupe ; il peut aussi être utilisé au cours d'une action comme feed-back des messages perçus ou en synthèse. Dans tous les cas, la démarche est collective et n'est pas sanctionnée.

De nombreuses techniques sont décrites dans tous les bons ouvrages de communication. En formation, le brainstorming peut être envisagé :

- par oral et tous ensemble ;
- conférence Post-it (une idée par Post-it… puis des regroupements) ;
- murs parlants (silence dans la salle… tout est écrit) ;
- Philippe 6*6 (6 participants dans 6 groupes qui permutent) ;

Evaluer

- roulement à bille (un émetteur, un récepteur qui tournent) ;
- métaplan ;
- photolangage…

Les déclinaisons en formation sont principalement orientées vers la production de la formation. Les idées émises, puis les rapprochements effectués, l'analyse et la synthèse servent à la formation et à l'orientation de la suite des travaux.

Évaluer avant l'action

72 ➜ **L'évaluation par le formateur d'une demande de formation**

73 ➜ **L'évaluation préalable des participants**

74 ➜ **Exemple de questionnaire participant avant l'inscription**

75 ➜ **Exemple de guide d'entretien participant avant l'inscription**

fiche 72

L'évaluation par le formateur d'une demande de formation

Les éléments d'analyse de la demande et des besoins sont développés dans les fiches pratiques concernant la conception. La grille d'analyse qui est proposée ici permet à un animateur formateur de se poser les questions préalables à son engagement personnel dans une action de formation (voir la figure 46).

Qui me demande de m'impliquer dans cette action ?		
Pourquoi me demande-t-on de m'impliquer ?		
Évaluation des chances de succès		
Faisabilité perçue du projet de formation		
Faisabilité réelle du projet de formation		
Implication du management dans l'action de formation		
Cahier des charges de l'action		
Évaluation des ressources internes ou sous-traitance		
Analyse de la population cible		
Évaluation des bénéfices attendus		
Bénéfices à court terme		
Bénéfices à moyen et long termes		
Mes capacités de formateur		
Niveau de connaissance du sujet		
Niveau de maîtrise des outils et des techniques		
Disponibilité		
Connaissance de l'environnement de la demande		
Évaluation globale		
Synthèse des résultats obtenus	Acceptée	Refusée

Figure 46. Implication d'un formateur dans une action de formation

L'évaluation préalable des participants

fiche 73

De nombreuses évaluations sont mises en place avant une action de formation. Elles concernent les orientations ou stratégies, les besoins, les ressources, les procédures et finalement les futurs participants.

L'évaluation engagée avant la formation ne sera vraiment pertinente que si elle intervient suffisamment tôt avant l'action. Elle doit être envisagée comme un véritable dispositif qui oriente et permet la conception. Il est toujours plus confortable d'avoir assez de temps pour s'adapter aux changements éventuels.

Lorsqu'elle concerne les participants, l'évaluation avant l'action est une évaluation préventive ou diagnostique qui permet de vérifier juste avant le stage la véritable adéquation des participants aux objectifs pédagogiques fixés. Cette phase d'évaluation est importante. Les effets d'une action de formation ne peuvent être mesurés que par rapport aux objectifs de l'action fixés préalablement et en tenant compte des difficultés et des écarts éventuels entre les participants.

L'évaluation préalable des participants permet donc d'anticiper d'éventuelles déviations et de prévenir les risques d'écart par rapport au public prévu initialement. Lorsqu'elle intervient suffisamment tôt dans le processus, cette évaluation permet aussi d'adapter rapidement le déroulement aux acteurs et aux différentes situations de formation. Elle est ainsi utile pour :

- mieux connaître le véritable profil des stagiaires et donc offrir une prestation mieux adaptée à leurs besoins ;
- anticiper les changements et écarts par rapport à ce qui était prévu ;

Evaluer

- la mise en place du système d'évaluation de l'action ;
- valider l'adéquation des acquis des stagiaires et des prérequis que nécessite le stage.

Il est possible de réaliser cette évaluation préalable des participants :

- sous forme plutôt fermée, de type questionnaire ;
- sous forme plus ouverte, par des entretiens individuels ou collectifs.

fiche 74

Exemple de questionnaire participant avant l'inscription

Identification	
Votre entreprise ou établissement	
Service	
Sa mission	
Son effectif	
A — Votre fonction	
Dénomination	
Depuis quand l'occupez-vous ?	
Quel est votre rattachement hiérarchique ?	
Quelles sont vos responsabilités ?	
Quelles sont vos activités ?	
B — Votre expérience métier	
Nombre d'actions de formation auxquelles vous avez déjà participé. Détaillez…	
Forces ?	
Faiblesses ?	
C — Vous et ce stage En vous aidant de l'itinéraire pédagogique du stage ci-joint, précisez :	
Quels objectifs sont pour vous prioritaires ? Pourquoi ?	
Qu'attendez-vous de ce stage en termes de résultats ?	

…/…

Evaluer

Qui a eu l'initiative de votre venue à ce stage ?	
Quelles autres formations pédagogiques avez-vous suivies avant ce stage ?	
D — Remarques, questions…	

Figure 47. Exemple de questionnaire participant avant une formation

Exemple de guide d'entretien participant avant l'inscription

fiche 75

Comment est organisé le service dans lequel vous travaillez ?

Dessinez-moi l'organigramme... Qui est votre chef ? À qui rapporte-t-il ? Combien de collaborateurs avez-vous sous votre responsabilité ? Quels sont vos clients et fournisseurs internes et externes principaux ? Quel est le volume d'activité de votre service (CA, quantité...) ?

Quelles sont vos missions ? Vos activités ?

Pouvez-vous me présenter une journée type ?

Pouvez-vous m'expliquer quel a été votre emploi du temps heure par heure de la journée d'hier ? de la semaine dernière ?

Quels sont les processus de travail ?

Exemple : « Un client vous fait une demande, quelles sont les étapes successives pour traiter sa demande ? »

Quelles sont les situations délicates à traiter ?

Exemples : « Quels sont les conflits majeurs avec les clients ? », « À quel moment y a-t-il un délai d'attente important pour le client ? »

Quels sont les critères de performance ?

À quoi voyez-vous que votre service marche bien ? Marche mal ? Qu'il est meilleur ou moins bon que ses concurrents, ses partenaires ?

Pour réussir dans votre fonction, quelles sont les qualités qu'il faut avoir ? Quels sont les défauts à éviter ?

Evaluer

Quelles sont les améliorations à apporter à votre organisation pour qu'elle réussisse mieux ?

Que souhaiteriez-vous mettre en place pour améliorer l'efficacité de votre organisation ?

Quelles sont vos attentes à l'égard de la formation ?

Quels types de formation souhaiteriez-vous suivre dans les six mois à venir ?

Vous connaissez le programme de la future formation, quels sont les points qui vous intéressent particulièrement ? Qui vous intéressent moins ?

Évaluer pendant l'action

76 ➜	Évaluation intermédiaire
77 ➜	Évaluation de la satisfaction
78 ➜	Exemples de fiche de satisfaction

Évaluation intermédiaire

fiche 76

Située pendant l'action de formation, l'évaluation intermédiaire permet de :

- s'assurer de la satisfaction et du confort des participants ;
- vérifier le climat de coopération ;
- vérifier les points qui ont été acquis à un moment donné de l'action ; dès lors, elle permet surtout de vérifier ceux qui n'ont pas été correctement assimilés ;
- contrôler la conformité des objectifs intermédiaires et s'assurer du bon déroulement de l'action de formation étape par étape ;
- s'assurer que les transferts sont en voie de construction.

Plus l'action est de longue durée, plus les évaluations intermédiaires sont nécessaires pour vérifier la satisfaction, l'acquisition des connaissances, anticiper sur les suites et orienter les développements.

Le contrôle des connaissances et des acquis, lorsqu'il fait partie de l'évaluation intermédiaire, ne consiste pas à reproduire une situation scolaire, pour certains souvent mal vécue, mais à apprécier progressivement l'intégration des connaissances, la mise en œuvre de nouvelles compétences et, à terme, la perspective d'une optimisation des performances grâce aux transferts effectués entre l'action de formation et la nouvelle situation professionnelle abordée au retour de cette formation. En ce sens, les formations en alternance permettent une intégration plus progressive et réaliste.

Évaluer

Les formes de ces évaluations intermédiaires sont diverses. Elles peuvent être réalisées de façon individuelle ou collective, étayées par un questionnaire et plutôt centrées sur l'un ou l'autre des aspects énoncés. Dans tous les cas, le formateur veillera à ne rechercher ni le plébiscite, ni la flagellation pour recueillir des éléments objectifs qui lui permettront d'atteindre au mieux les objectifs et satisfaire les attentes des participants.

Ces évaluations servent aussi au groupe, pour mesurer le chemin parcouru et mettre en perspective les stratégies individuelles et collectives de progrès. En effet, réalisées régulièrement, ces évaluations intermédiaires permettent de monter à temps les actions correctives nécessaires au bon déroulement de la formation pour atteindre les objectifs fixés préalablement. On préviendra ainsi les risques d'écart par rapport à ce qui était prévu, en anticipant et apportant suffisamment tôt les modifications nécessaires.

Elles interviennent en cours de formation, par exemple à la fin d'une journée de formation, à l'ouverture d'une nouvelle séquence. Deux moments sont importants pour réaliser ces évaluations : à mi-parcours et aux deux tiers de la durée. Après, il sera trop tard !

Seront successivement évalués :

- la satisfaction et les relations ;
- les acquis ;
- les transferts potentiels.

Évaluation de la satisfaction

fiche 77

L'évaluation de satisfaction est une occasion pour les participants d'exprimer spontanément leur perception de l'action qu'ils viennent de suivre. Elle intervient généralement au terme échu de l'action mais devrait aussi être mise en œuvre durant l'action. Son objectif n'est pas de mesurer réellement les effets de la formation sur la productivité de l'entreprise, mais plutôt de qualifier selon un certain nombre de critères permettant de suivre l'évolution du projet, de donner des indications sur ses chances de réussite et d'apporter les actions correctives et d'amélioration pour les prestations ultérieures. En effet, si les stagiaires sont pas ou peu satisfaits, les conditions d'application et de transfert sont plutôt faibles.

L'évaluation de la satisfaction des stagiaires à l'aide d'un questionnaire aidera aussi à comparer différentes prestations entre elles et sera alors utile aux services RH pour vérifier la pertinence de l'action et les conditions de mise en œuvre. Elle est très facile à réaliser et assez économique, bien que nécessitant quelques moyens pour le traitement des données. Les stagiaires expriment leurs impressions, avec tout ce que cela implique de subjectivité. Si l'on veut faire de ce moment d'évaluation de la satisfaction une véritable activité pertinente, il faut la compléter par un dispositif plus fiable.

Evaluer

Items	Note
Qualité globale du stage	
Conditions générales de déroulement du stage (locaux, hébergement, repas, accueil, etc.)	
Qualité des relations entre les participants	
Qualité de la prestation de l'animateur et des intervenants	
Qualité des contenus (niveau, adaptation et intérêt)	
Qualité des méthodes	
Qualité des supports pédagogiques utilisés et de la documentation remise	
Adéquation de la formation aux besoins et aux attentes	
Estimation de la possibilité de transfert des acquis en situation réelle de travail et obstacles à l'application	
Adéquation des résultats par rapport aux objectifs fixés	
Problèmes qui subsistent encore malgré la formation	

Figure 48. Évaluation de la satisfaction

Quelques conseils pour la réussir au mieux

- Indiquez dès l'ouverture de la formation que cette évaluation interviendra en fin d'action et que vous l'espérez la plus parfaite possible…
- Distribuez la fiche d'évaluation avant de la remplir, et lorsque vous êtes sur le point de clôturer le stage.
- N'entamez un débat qu'après avoir recueilli toutes les fiches.
- Précédez cette activité d'évaluation d'une activité de synthèse ludique et très dynamique.

- Lisez la fiche avec les participants et assurez-vous qu'ils comprennent bien le processus et le sens de la notation !
- Bannissez des questionnaires les dispositions de notation proposant une médiane, c'est-à-dire sur 5 ou 3 items.

Exemples de fiche de satisfaction

fiche 78

Exemple 1 (fiche plutôt fermée de type QCM)

1 Contenu de la session

	++	+	-	--

Comment jugez-vous…

… le niveau général de la session ? ❏ ❏ ❏ ❏

… les thèmes abordés ? ❏ ❏ ❏ ❏

… les exercices réalisés ? ❏ ❏ ❏ ❏

2 Pédagogie de la session

	++	+	-	--

Comment trouvez-vous…

… la prestation des intervenants ? ❏ ❏ ❏ ❏

… les modalités d'animation de la session ? ❏ ❏ ❏ ❏

… la documentation remise ? ❏ ❏ ❏ ❏

3 Organisation de la session

	++	+	-	--

Comment trouvez-vous…

… le lieu de la formation ? ❏ ❏ ❏ ❏

… la salle de formation et son matériel ? ❏ ❏ ❏ ❏

4 Vos attentes et vos objectifs

	++	+	-	--

Est-ce que la session suivie…

… correspond globalement à vos attentes ? ❏ ❏ ❏ ❏

… contribue à l'atteinte de vos objectifs professionnels ? ❏ ❏ ❏ ❏

… vous semble utile pour la suite de vos activités ? ❏ ❏ ❏ ❏

Evaluer

…/…

Vos commentaires, remarques ou questions complémentaires :

+ + très satisfaisant(e) + satisfaisant(e)
- insatisfaisant(e) - - très insatisfaisant(e)

Figure 49. Exemple de questionnaire de satisfaction

Exemple 2 (fiche plus ouverte)

D'autres fiches encore plus ouvertes peuvent être envisagées. Plus les fiches sont ouvertes, plus les informations sont riches et pertinentes, mais plus le traitement est difficile.

1 - *Contenu du stage*
  Que vous a apporté ce stage ?
  Apports théoriques :..
  Apports pratiques : ....
  Suggestions :...

2 - *Mise en œuvre des compétences acquises durant la formation*
  Pensez-vous avoir besoin d'un soutien pour mettre en œuvre le contenu du stage ?
  Si oui, lequel ?..
  Grâce au stage, pensez-vous pouvoir améliorer les prestations de votre équipe ?
  Si oui, comment ?..

3 - *Animateur*

Excellent	Bien	Satisfaisant	Médiocre

  Commentaires :...

4 - *Support pédagogique*

Excellent	Bien	Satisfaisant	Médiocre

  Suggestions : ....

5 - *Durée*

Excellente	Bien	Satisfaisante	Médiocre

  Suggestions : ....

6 - *Organisation matérielle*

| Excellente | Bien | Satisfaisante | Médiocre |

Suggestions : ....

7 - *Globalement, vous avez trouvé ce stage...*

| Excellent | Bien | Satisfaisant | Médiocre |

Commentaires :..

Figure 50. Exemple de questionnaire de satisfaction

Évaluer après la formation

79 ➔ Le suivi de la formation

80 ➔ Exemples de questionnaire d'évaluation à la suite d'une action de formation

Le suivi de la formation

fiche 79

Au même titre que la formation des participants est évaluée en amont de l'action, elle le sera en aval. Le suivi de la formation est souvent considéré comme l'ensemble des démarches mises en œuvre à l'issue de la formation pour en améliorer l'efficacité. Ce suivi est généralement développé sur deux axes : le suivi des participants et le suivi des actions.

Le suivi des participants doit permettre :

- *l'application* : mettre en œuvre et transférer les connaissances acquises en compétences maîtrisées et appliquées ;
- *la capitalisation* : poursuivre et pérenniser la formation au-delà même du stage, tout au long de sa vie professionnelle ; le stage n'est qu'un commencement, une amorce et doit être considéré comme tel et non comme une fin ;
- *la mutualisation* : diffuser les connaissances acquises à l'ensemble d'une équipe voire d'une organisation ; c'est passer de l'individu apprenant à l'organisation apprenante.

Le suivi de la formation doit être organisé et envisagé durant la phase de conception, c'est-à-dire en amont de la formation. Trois principes clés prévalent :

- impliquer les acteurs et le management dans le suivi de la formation et des participants ;
- adapter le suivi en fonction du type de formation et des contenus ;
- concevoir le suivi de la formation dès l'ingénierie du stage et informer de la démarche.

Evaluer

Exemples de questionnaire d'évaluation à la suite d'une action de formation

Exemple 1

Ce questionnaire pourrait être diffusé auprès des participants à une action de formation quelque temps après cette dernière (voir figure 51). Il peut être rempli individuellement ou en équipe.

Nom et prénom du stagiaire : Nom et prénom du N+1 : Département :		Intitulé de la formation : Nom du formateur : Date :		
Application des connaissances acquises Avez-vous pu appliquer les connaissances que vous aviez acquises lors de la formation ?	Très mal	Mal	Bien	Très bien
Citez quelques exemples d'actions que vous avez pu réaliser à la suite de la formation et qui vous ont permis d'appliquer vos connaissances :				
Développement des compétences Avez-vous pu à la suite de la formation développer de nouvelles compétences ?	Très mal	Mal	Bien	Très bien

.../...

Evaluer

Citez les principales compétences que vous avez pu développer à la suite de la formation :				
Impact sur les performances individuelles Estimez-vous que la formation a eu un impact sur votre performance individuelle ?	Très peu	Peu	Beau-coup	Énormé-ment
Citez quelques exemples qui vous permettent de dire que la formation a eu un impact sur votre performance individuelle :				
Impact sur la performance de votre équipe Estimez-vous que la formation a eu un impact sur la performance de votre équipe ?	Très peu	Peu	Beau-coup	Énormé-ment
Citez quelques exemples qui vous permettent de dire que la formation a eu un impact sur la performance de votre équipe :				

Figure 51. Exemple 1 de questionnaire "à froid"

Exemple 2

On peut imaginer d'autres versions, également passées en individuel ou en équipe…

Nom et prénom du stagiaire : Nom et prénom du N+1 : Département :	Intitulé de la formation : Nom du formateur : Date :
Si vous deviez résumer le contenu de l'action à un collègue de travail ou à votre responsable hiérarchique, que lui diriez-vous ?	
Décrivez, étape par étape, les différents thèmes traités, sans vous aider de vos notes dans un premier temps, puis dans un deuxième temps, avec l'aide de votre documentation pédagogique :	
Capitalisation des connaissances acquises	
Quelles sont les connaissances acquises lors de la formation que vous devrez nécessairement retenir ou développer ? Par quels moyens (lectures, rencontres, séminaires…) pourrez-vous parfaire vos connaissances ? De quels moyens devrez-vous disposer pour réussir à mettre en œuvre vos connaissances ?	

…/…

Application des compétences
Quels sont les compétences, méthodes ou outils qui vous seront utiles à court ou moyen terme dans votre travail ?

Plan d'action personnel de suivi de formation		
Quels sont les objectifs de suivi de la formation que vous souhaitez fixer d'un commun accord avec votre hiérarchie ?		
Objectifs de suivi de la formation	Dates	Résultats

Figure 52. Exemple 2 de questionnaire "à froid"

Normes et labels

81 → **Les normes AFNOR appliquées à la formation**

82 → **Les normes de la série ISO 9000**

83 → **Les labels et habilitations**

84 → **Grille d'observation des pratiques d'un animateur en situation**

85 → **Des licences pour des produits**

86 → **Des standards pour les outils de formation**

Les normes Afnor appliquées à la formation

Imaginées depuis près de dix ans, il existe à ce jour sept normes Afnor homologuées pour la formation. Par ces normes répertoriées (NF X 50-749 et suite), la démarche proposée aux organismes de formation est de prendre conscience que le premier pas vers la qualité consiste à maîtriser les caractéristiques du service offert et de la prestation. En effet, la normalisation dans le domaine de la formation professionnelle vise la définition d'un langage commun entre client et fournisseur, la clarification pour les entreprises de l'expression de leurs besoins et de l'offre de formation continue.

Les deux premières normes de cette série ont été publiées dès 1992. Les normes Afnor sont des référentiels qui spécifient des caractéristiques de produits ou de services. Plusieurs normes s'adressent aussi bien au client qu'au fournisseur :

- NF X 50-749 Formation professionnelle – Démarche de normalisation ;
- NF X 50-750 Formation professionnelle – Terminologie ; un fascicule de documentation, FD X 50-751 Formation professionnelle, terminologie. Fascicule explicatif, complète la norme précédente.

Une série de normes s'adresse plus spécifiquement aux entreprises commanditaires de formation :

- NF X 50-755 Formation professionnelle – Demande de formation – Méthode d'élaboration de projets de formation ;
- NF X 50-756 Formation professionnelle – Demande de Formation – Cahier des charges de la demande.

Une autre série est destinée aux organismes de formation :

- NF X 50-760 Formation professionnelle – Organismes de formation – Informations relatives à l'offre ;
- NF X 50-761 Formation professionnelle – Organismes de formation – Service et prestation de service.

La nouvelle série de normes Afnor CN 36 est mise à l'étude pour intégrer le *knowledge management* et le commerce électronique dans le champ de la formation à distance.

L'objectif de ces documents est de faciliter la relation client-fournisseur. Ils mettent à disposition un langage commun, une plus grande lisibilité de l'offre et une meilleure expression des besoins. Ces normes ne donnent pas lieu à une labellisation. Dans les faits, il s'agit de mettre à la disposition des prestataires de formation de réels outils afin d'entreprendre une révision des modes de fonctionnement et de certains processus de production des services.

Les normes Afnor tiennent compte de toutes les obligations légales et peuvent être appliquées dans une relation contractuelle. La démarche est peu onéreuse puisqu'il n'existe pas d'autre engagement financier que l'achat des documents. Tout organisme de formation peut faire savoir à ses clients qu'il applique les normes Afnor. En cas de fausse déclaration, il s'expose à des poursuites pour publicité mensongère.

fiche 82

Les normes de la série ISO 9000

D'autres normes internationales et universelles, applicables à tous les secteurs de l'activité économique, ont été mises au point par l'ISO (International Standard Organisation) pour l'industrie ; elles peuvent s'appliquer aux services, moyennant un effort d'interprétation et d'adaptation. L'assurance de la qualité se définit comme « le résultat des dispositions prises par l'entreprise pour donner confiance dans sa capacité à satisfaire régulièrement les besoins de ses clients ».

Ces normes visent à minimiser les risques de dysfonctionnement dans la relation établie entre le client et son fournisseur grâce à l'application de procédures. Actuellement – des modifications sont prévues très prochainement (ISO 9000–2000) –, sous l'intitulé générique ISO 9000-1994, il existe en fait trois normes d'exigences :

- ISO 9001 : Modèle pour l'assurance de la qualité en conception, développement, production, installation et soutien après la vente ;
- ISO 9002 : Modèle pour l'assurance de la qualité en production et installation ;
- ISO 9003 : Modèle pour l'assurance de la qualité en contrôle et essais finaux.

La norme ISO 9001 est celle qui s'applique le mieux au domaine de la formation professionnelle parce qu'elle prend en compte l'ensemble du processus de formation, depuis la conception jusqu'au suivi. C'est celle qui est le plus souvent adoptée par les organismes ou départements formation. Un fascicule de documentation, intitulé FD X 50-764 Formation professionnelle –

Evaluer

L'assurance qualité en formation professionnelle – Mode d'emploi, facilite l'utilisation de la norme ISO 9001 par les organismes de formation.

La norme ISO 9004-2, Gestion de la qualité et éléments de système qualité, partie 2 : lignes directrices pour les services, est de nature assez différente. Elle ne peut faire l'objet d'une certification. Elle constitue un modèle d'organisation pour les organismes de formation qui entreprennent une démarche qualité. Elle constitue, depuis 1991, un guide d'application des normes ISO 9001, ISO 9002 et ISO 9003 aux services. Elle peut être utilisée lors de la mise en œuvre d'un système qualité dans un nouveau service ou dans un service existant. Elle s'applique aussi bien aux services d'accueil, de communication qu'à ceux de santé, de maintenance et, bien entendu, de formation… Dans le domaine de la formation professionnelle, elle a servi d'inspiration pour la production des normes NF X 50-750 et suite.

En formation, les normes de type ISO constituent une assurance de qualité pour le client. Elles devraient être considérées par les organismes de formation qui les adoptent comme un véritable système de management orienté vers la satisfaction du client. Ces normes ISO ont été revues et certaines sont refondues aux nouvelles contraintes du référentiel 2000.

Les labels et habilitations

fiche 83

Le label est différent de la norme. Par la norme, les postulants recherchent un pouvoir structurant de leur process ; le label, lui, n'a qu'une valeur d'image commerciale. Le label est interne à une communauté, les normes certifiées de type ISO ont une valeur beaucoup plus transversale. Elles rattachent la formation aux autres activités de service mises sous assurance qualité. C'est aussi en ce sens qu'elles sont structurantes face au marché.

Des labels délivrés aux organismes de formation

Sur le modèle des offices professionnels de qualification existant dans différentes professions (bâtiment, conseil en management…), la Fédération de la formation professionnelle, en accord avec le ministère chargé du Travail (délégation générale à l'Emploi et à la Formation professionnelle) a impulsé en 1994 la création d'un Office Professionnel de Qualification des organismes de Formation (OPQF). La labellisation délivrée concernerait plutôt des organismes qui, par leur taille ou leur volume d'activité, ne pourraient pas envisager une démarche de type certification AFAQ.

L'OPQF s'est donné pour mission de délivrer des certificats de qualification aux structures dans le domaine du conseil en management, OPQCM, et de la formation professionnelle continue, OPQF. Il s'adresse donc à toutes les structures exerçant une activité de formation identifiée, quels que soient leur statut, leur domaine d'activité ou la nature de leur clientèle. Son objectif est d'attribuer un label attestant du professionnalisme, des

Evaluer

compétences et de l'expérience professionnelle dans un ou plusieurs domaines de qualification, sélectionnés parmi les 18 domaines proposés. L'OPQF prône un code de conduite professionnelle que les organismes labellisés s'engagent à respecter.

Tout organisme de formation (personne morale) ayant au moins deux ans d'existence juridique et d'exercice de l'activité de formation peut déposer une demande auprès de cet office. La qualification est accordée sur la base d'un dossier dont l'instruction s'articule autour de deux points essentiels : la stabilité et le professionnalisme. En janvier 2000, il existait en France près de 560 organismes labellisés par l'OPQF.

Les formateurs sont engagés par leur CV au sein de cette démarche.

Des habilitations pour les formateurs

De nombreuses démarches internes aux organismes ou aux branches viennent homologuer ou valider les compétences des formateurs internes, des tuteurs ou des prestataires externes. Afin de faciliter la lisibilité des compétences, la CSFC (Chambre syndicale des professionnels de la formation) a favorisé la mise en place d'un Institut de Certification des Professionnels de la Formation (ICPF), indépendant (association 1901). En conformité avec la norme NF EN 45013, qui énonce les critères généraux des organismes certificateurs de personnes, la CSFC délivre une certification aux professionnels (personnes physiques) formateurs qui en font la demande, après examen du dossier et entretiens réalisés par des auditeurs qualifiés.

Trois niveaux sont proposés : agréé, pour les débutants, qualifié, pour les professionnels exerçant depuis cinq ans et expert, pour ceux ayant une pratique d'au moins dix ans.

Neuf fonctions différentes sont distinguées, applicables aux divers domaines de formation retenus par le Formacode :

- animateur de formation ;
- auditeur de formation ;
- concepteur de formation ;
- conseiller en formation ;
- formateur ;
- ingénieur en formation ;
- prestataire de bilans de compétences ;
- tuteur ;
- entraîneur et coach.

La qualification, contrôlée tous les trois ans, est obtenue pour toute la durée de l'activité.

Le coût varie en fonction de la qualification demandée. De création plus récente que les autres dispositifs, le label ICPF n'a pas encore atteint une masse critique permettant d'analyser les impacts sur le marché ou les pratiques.

Les organismes de branche ont des modes d'organisation spécifiques qui leur permettent parfois de traiter de problèmes communs aux entreprises qui les composent. En matière de formation, par exemple, ils peuvent donc contribuer à diffuser des pratiques et des approches innovantes. Ainsi, la qualification de « tuteur en entreprise » a fait l'objet de recherches approfondies pour l'obtention d'un label reconnu par certaines branches, parfois même dans des logiques de bassin, comme en Champagne-Ardennes.

Actuellement, les développements de la formation à distance, dite e-learning, oriente vers la production d'un nouveau statut de tuteur pour des formations à distance.

fiche 84

Grille d'observation des pratiques d'un animateur en situation

Nom de l'observateur :

Date :

A observé :

Moyen d'observation : Live   Vidéo

Thèmes de la présentation :

Observations quant au contenu proposé :

Respect du timing :

Utilisation de l'espace :

Points forts de la présentation :

Evaluer

Axes de progrès :

Figure 53. Grille d'observation d'un formateur en situation

Des licences pour des produits

fiche 85

L'État a mené une politique de soutien à la conception et à la réalisation de produits et de dispositifs entre 1987 et 1990. Dans cette logique, il a mis en œuvre l'une des seules procédures de labellisation d'outils innovants en formation professionnelle : les licences mixtes.

Depuis 1989, les licences mixtes sont des aides accordées aux éditeurs et producteurs de programmes désireux d'investir dans le domaine de la formation professionnelle et qui s'engagent sur des politiques de prix compatibles avec les capacités de financement des organismes publics. Près de 4 500 organismes de formation, d'accueil et d'information ont déjà bénéficié de cette procédure. Ils peuvent acheter à des tarifs proches du prix coûtant des outils pédagogiques dont la qualité et l'efficacité sont agréées par une commission chargée de l'expertise des produits. Cette procédure pourrait être élargie à des produits servis en ligne.

Une nouvelle préoccupation forte aujourd'hui est la certification des services de formation en ligne. Dans ce cadre, le Préau (cellule de veille de la CCIP) et ses partenaires lancent une vaste opération visant à intégrer la qualité dans les dispositifs de formation à distance. Les travaux réalisés en 2000 au sein d'un forum QFD (Qualité de la Formation à Distance) devraient y aider.

Au-delà de ces démarches, chaque organisme, chaque entreprise, au sein des services achats, a une politique de référencement propre.

Evaluer

Des standards pour les outils de formation

fiche 86

Les standards sont des recommandations développées et préconisées par un groupe représentatif d'utilisateurs. Ces standards diffèrent selon le pays. Ceux qui existent pour la formation professionnelle sont plus particulièrement développés autour des outils de plus en plus complexes et techniques utilisés dans la formation à distance sur réseaux. La prédominance dans ce domaine vient plutôt des Anglo-saxons.

Les standards classiques de type AICC, IMS (Instructional Management System), SCORM (Sharable Content Object Reference Model)… garantissent une fonctionnalité technique et agissent sur des champs similaires et complémentaires. Leur importance est capitale car la structuration des données et des contenus influence en grande partie les modèles pédagogiques.

AICC (Aviation Industry Computer Based Training Committee) est un standard pour le développement logiciel dans le domaine de la formation ; développé à l'origine dans le secteur de l'aviation, il a progressivement été étendu à l'ensemble des problématiques liées à la formation électronique. La compatibilité avec cette norme indique notamment l'interopérabilité entre plates-formes et contenus hétérogènes, offrant ainsi des possibilités d'évolution et d'enrichissement accrues. L'AICC définit la structure des contenus, les modes de communication entre la plate-forme de formation et les contenus pédagogiques. L'association a élaboré des directives pour l'industrie de l'aviation, pour le développement, la diffusion et l'évaluation des CBT (Computer Based Training) et des NTE (Nouvelles Technologies Éducatives).

Evaluer

En se basant sur les travaux de l'AICC et de l'IMS, l'ADL a défini une autre série de spécifications plus actuelles, qui, appliquées au contenu des cours en ligne, permettent la production d'objets pédagogiques réutilisables et indépendants. Ces spécifications ont été incorporées dans le SCORM. Ce modèle propre à l'ADL se positionne comme :

- une référence en matière de définition du modèle de contenu de formation à diffuser sur Internet ;
- un ensemble de spécifications techniques interagissant, dans le but de répondre aux exigences du ministère de la Défense américain ;
- un pont entre les nouvelles technologies émergentes et les applications commerciales ;
- un document évolutif détaillant tous les aspects techniques d'un contenu de e-learning.

Certifications, attestations

87 ➔ **La certification par tierce partie**

88 ➔ **L'audit en formation**

89 ➔ **Grille d'évaluation de la stratégie de formation d'une entreprise**

fiche 87
La certification par tierce partie

Dès la fin des années quatre-vingt, les professionnels de la formation et des services intellectuels ont proposé de constituer un comité pour les activités de service intellectuelles. La certification est une « procédure par laquelle une tierce partie donne une assurance écrite qu'un produit, système qualité, service est conforme aux exigences spécifiées ». Pour que la certification soit possible, il faut qu'il existe des spécifications, autrement dit des normes homologuées, ce qui est le cas des normes ISO 9000 depuis 1987 mais non des normes Afnor.

Cette différence est essentielle. La certification par tierce partie ne s'applique qu'aux normes de type ISO. Pour ce qui est de la conformité aux normes Afnor, il s'agit d'une simple déclaration. Du fait de la certification par tierce partie, la crédibilité est plus forte car ressentie comme plus objective.

La certification est accordée par un certain nombre d'organismes accrédités par le Cofrac. En effet, la loi du 30 juin 1994 modifiée le 30 mars 1995 place le Cofrac au-dessus des organismes certificateurs. Le Cofrac délivre donc aux organismes certificateurs la reconnaissance des prestations qu'ils peuvent délivrer sur le plan national ou européen. Une petite dizaine d'organismes certificateurs sanctionne la conformité au référentiel de l'assurance qualité, c'est-à-dire qu'ils attestent d'un effort de maîtrise des processus de fonctionnement. Mais, en formation, cette certification est souvent considérée comme une démarche relativement longue et onéreuse réservée à des parias.

En janvier 1998, il y avait 75 organismes de formation certifiés ISO 9001. Ce nombre augmente de façon significative chaque année, peu d'organismes se retirant de la compétition.

Evaluer

L'audit en formation

Comme pour de nombreux audits, la démarche d'audit de formation professionnelle continue est construite en trois phases successives : la planification, l'exécution et la finalisation.

La phase de planification : cette phase permet de déterminer le cadre, le périmètre et les termes de l'audit. La phase de planification débute donc par la mise en œuvre des procédures d'acceptation et de poursuite de la mission. La phase de planification permet de déterminer les grandes orientations. Elle réunit les membres clés de l'équipe.

Au terme de cette phase de planification, la mission est correctement circonscrite, les acteurs et le périmètre sont définis, le planning est dressé, la communication est engagée, enfin, les rapports, réunions sont prévus. Sur la base des informations réunies au cours de la phase de planification, la stratégie d'audit est déterminée par cycle d'interventions afin d'atteindre les objectifs de l'audit : cohérence, pertinence, etc.

L'exécution comporte deux étapes : la collecte des données et la construction de l'environnement de contrôle du développement des compétences. C'est la mise en concordance des données avec l'environnement de contrôle qui constitue effectivement la pièce maîtresse et l'essence de l'audit en formation professionnelle continue. Cette étape de compréhension de l'activité nécessite souvent l'accès à :

- des données générales : stratégie, culture, valeur du groupe, bilans…

- des organigrammes hiérarchiques et fonctionnels ;

- des budgets et ressources alloués à la formation ;
- des données quantitatives et qualitatives sur les actions déjà réalisées ;
- des référentiels de qualité ;
- les différents plans de formation, grandes tendances et orientations des RH.

L'environnement de contrôle du développement des compétences concerne plutôt la gestion du capital humain au sein de l'entreprise ou de l'entité auditée. La constitution de l'environnement de contrôle est souvent enrichie par la compréhension de l'organisation et des outils de la communication interne et externe de l'organisation.

La phase de finalisation comporte principalement deux aspects :

- la communication au mandant des conclusions finales. L'audit est souvent orienté vers un bilan validant un niveau de performance ;
- l'évaluation de la performance : dès la fin de la mission, un feed-back est obtenu des membres de l'équipe d'audit et le cas échéant de l'entreprise auditée. Cette restitution est formelle.

Ce feed-back permet d'identifier des domaines d'amélioration évoqués à l'occasion d'un débriefing conduit par le signataire du rapport d'audit. Ce débriefing servira à établir un plan d'action pour l'amélioration, amorçant ainsi le processus de planification de la mission suivante.

Grille d'évaluation de la stratégie de formation d'une entreprise

Cette grille propose une première série d'items permettant d'analyser une stratégie de formation au sein d'une entreprise. Elle n'est pas exhaustive et est proposée à titre d'exemple. Il convient en effet de considérer dans une démarche d'audit de stratégie de formation que les grilles de recueil des données sont particulièrement structurantes des résultats obtenus.

Durée moyenne des formations	
Planification du plan de formation	
Logiques d'élaboration du plan de formation	
% de la masse salariale en formation	
Qualité et transparence de l'offre de formation	
Répartition du nombre d'heures de formation par catégories d'actions de formation similaires (*pareto* de l'effet de seuil)	
Répartition du nombre d'heures de formation par domaines	
Répartition du nombre d'heures de formation par catégories socioprofessionnelles, par niveaux de formation initiale	
Taux de désistement sur les actions de formation	
% de projets de changement accompagnés par un projet de formation	

.../...

Evaluer

Nombre d'heures de formation par type d'action : inter/intra/sur-mesure/coaching/sur poste/ e-learning…	
Nombre de groupes de progrès dans l'entreprise	
Nombre de groupes de rédaction et/ou mise à jour de procédures	
Répartition du nombre d'heures de formations externes par rapport aux formations internes	
Degré de maturité du système de la formation à l'égard de la qualité	
Nombre de prestataires de formation internes/ externes	
Nombre de prestations de formation	
Décentralisation/centralisation des budgets	

Figure 54. Évaluation de la stratégie de formation

Conclusion

« La société de l'information est en marche et la net-économie se développe partout à travers le monde. Ces deux évolutions majeures du contexte économique global amènent nécessairement les entreprises à revoir leur portefeuille de compétences et à construire une politique formation répondant aux exigences croissantes du progrès technique et de la mondialisation. »[1]

Au terme de ces réflexions sur les conditions de préparation, de mise en œuvre, de conduite et d'évaluation d'une action de formation professionnelle continue de salariés d'entreprise, il convient de s'interroger aussi sur les perspectives de développement de cette formation et des techniques qui viennent donc d'être proposées. Si l'on dépasse les débats concernant la mise en œuvre de la **loi du 4 mai 2004** et que l'on s'en retourne du côté de la pédagogie dans certaines entreprises, on constate que, par l'utilisation des outils réseau, les salariés acquièrent les compétences requises pour assumer leurs futures fonctions.

Au regard des grands constats qui prévalaient à l'Accord national interprofessionnel :

---

1. Préface de "Tout savoir pour E-former" par Christophe PARMENTIER et Fouad ARFAOUI, Editions d'Organisation, 2001.

- L'accès à la formation continue demeure inégal. Bien souvent, le projet de se former est le propre des personnes déjà formées ou de celles qui travaillent dans les grandes organisations. Les écarts dans la capacité à accéder à la formation sont considérables selon la taille de l'entreprise, le niveau de formation de la personne ou sa situation professionnelle.
- La formation continue n'est pas devenue un moyen crédible d'acquérir une qualification de manière alternative à la formation initiale. Elle apparaît le plus souvent comme le moyen de maintenir ses compétences en fonction des besoins de l'entreprise et chacun ressent qu'il n'y aurait qu'une seule vraie chance et que celle-ci se joue avant 25 ans.
- Le système de formation, enfin, apparaît cloisonné, peu lisible et complexe. De fait, il organise la formation en fonction du statut des personnes à un moment donné de leur vie et conduit à un partage de compétences entre les institutions responsables plutôt qu'à l'exercice d'une compétence partagée.

La loi du 4 mai 2004 confirme que la formation reste l'atout majeur du développement du capital humain. La loi, son cortège de décrets d'application et les accords de branches ont fait évoluer le cadre général. Une des grandes orientations contenue dans les nouveaux dispositifs est **l'individualisation**. Le droit à la formation devient individuel, la période de professionnalisation est accordée à un salarié en fonction de son statut, les entretiens individuels orientent le processus qui peut être au final sanctionné par une VAE, dispositif encore individualisé. Dans cette perspective plutôt libérale, une seconde tendance forte concerne le développement de la **formation en dehors du temps de travail**. Au final, le salarié devra développer son appétence pour la formation en s'impliquant davantage et de façon plus personnelle.

Pour répondre à ces deux enjeux majeurs de la réforme, la formation sur les réseaux, que les anglophones désignent volontiers par les termes génériques d'e-learning, ou e-training suivant le point de vue, prend du sens, se développe et est instrumentée. Mis au service de la conduite du changement et de la formation professionnelle continue le e-learning doit néanmoins être considéré comme une évolution. A proprement parler, le e-learning est la mise en ligne sur les Web (internet, intranet, extranet) d'une offre de formation professionnelle initiale ou continue. Il s'agit là d'une nouvelle formule de prestation formation permettant de dispenser des connaissances et des compétences et de diversifier l'offre déjà existante. En complément des offres habituelles de stage, de coaching ou d'individualisation, d'alternance et de formation au poste de travail, le e-learning est envisagé pour répondre à de nouveaux besoins exprimés par certaines entreprises ou collectivités et leurs salariés.

Aujourd'hui, les premiers catalogues DIF proposés par certains organismes de formation mettent en avant une offre individualisée dispensée en partie à distance. Cette sensible mutation ou diversification de l'offre de formation professionnelle distribuée en présence trouve aussi un réel ancrage et une légitimité forte dans :

- l'évolution des métiers qu'elle accompagne,
- l'utilisation par les entreprises de nouveaux moyens de communication (messageries) et de gestion (ERP, CRM…),
- la mutation et la professionnalisation de l'offre de formation professionnelle,
- les modifications du cadre administratif et légal du travail et de la formation,
- l'influence de l'Europe sociale sur les dispositions relatives à l'emploi, la mobilité et la formation.

Dans le cadre de la gestion des ressources humaines de l'entreprise, donc en harmonie avec les outils qui assistent à l'évaluation, la mobilité, la gestion des carrières, la gestion prévisionnelle des emplois et des compétences... plusieurs types d'outils sont utilisés dans les dispositifs de e-learning :

- des outils de diffusion de ressources de type portail,
- des outils d'administration de type plate-forme,
- des outils d'apprentissage et d'entraînement de type didacticiel, tutoriel, exercices, études de cas et simulateurs...
- des outils de communication et de tutorat de type messagerie, forums, visio ou téléconférence, chat, partage d'applications, prise de main à distance...
- des outils coopératifs pour la formation de groupe de type classes virtuelles.

Tous ces outils doivent être combinés au sein de dispositifs. Ils sont agencés en fonction de cahiers des charges. Ils répondent à des besoins précis de formation de salariés dans leur environnement de travail en pleine évolution. Dans cette approche, les niveaux d'ingénierie en formation professionnelle continue classique abordés en première partie de cet ouvrage évoluent sensiblement :

Ingénierie...	Acteurs	Production	Outils
1. des compétences	DG, DHR	Stratégie ou schéma directeur	Intranets RH, SIRH, ERP...
2. de formation	DRH, direction des services, RF	Plan de formation, dispositifs et cahier des charges	Portails, plates-formes et LMS

.../...

3. pédagogique	RF, formateurs et tuteurs	Actions de formation Documentation formateurs	Base de ressources et portails, outils de communication et de tutorat
4. didactique	Formateurs et experts	Séquences de formation Documentation stagiaires	Didacticiels, tutoriels, simulateurs…

Fruit de ces démarches d'ingénierie, les actions de formation en ligne sont imaginées et conçues en combinant différentes fonctionnalités en vue d'assister à la formation des utilisateurs. On trouve certaines de ces applications disponibles sur Internet, mais les adaptations les plus significatives et opérationnelles sont faites sur les Intranets des entreprises ou de certains organismes de formation. On les désigne volontiers sous le terme générique de Learning Management System (LMS). Les offres de formation en ligne sont principalement portées par les services de formation internes des entreprises, parfois dans des logiques étendues aux partenaires clients et fournisseurs, à la branche ou à la fédération professionnelle.

Dans la lignée des campus d'entreprises et universités d'entreprises, on parle volontiers d'université virtuelle ou de campus virtuel d'entreprises. D'autres offres extérieures sont aussi mises sur le marché via le Web par des organismes de formation, de véritables écoles ou universités, des éditeurs et des cabinets de conseil…

En France, le développement du e-learning n'est sans doute pas aussi rapide et spectaculaire que nous le promettaient, lors de l'éclosion de la bulle internet, certains prophètes et nos voisins anglo-saxons. C'est que nos habitudes de formation conduisent à privilégier des formules d'apprentissage plus centrées sur l'expérience et la pratique que sur la diffusion des savoirs et l'assimilation des connaissances. Certaines actions de formation sont conçues pour être totalement dispensées en ligne, d'autres font alterner présence et mise à distance. De fait, en France, la solution du mixe formation (Blended Learning), permettant d'utiliser la formation en ligne pour partie seulement en complément d'actions plus traditionnelles, se développe bien plus significativement que les actions totalement en ligne. Dans le cadre du mixe formation, la formation en ligne est utilisée pour aider les apprenants à préparer le stage et atteindre le niveau de pré-requis, pour soutenir le stage et accompagner les éventuelles périodes inter-stage ou enfin pour prolonger le stage et évaluer des effets.

Dans les dispositifs e-learning tout en ligne, la pédagogie n'est plus la même. La médiation utilisée fait intervenir une mise à distance qui n'est plus progressive. En formation, cette mise à distance est une condition de réussite, elle est d'ailleurs toujours présente dans les contrats qui lient le formateur, le contenu de formation et l'apprenant. Habituellement, elle intervient à la fin du parcours lorsque formateurs et apprenants se séparent. Les orphelins doivent alors exercer seuls ce qu'ils ont appris en présence de leurs formateurs. Dans les dispositifs à distance, en ligne ou par correspondance, cette distance est un postulat. Elle en fait leur force et leur faiblesse. Si ces dispositifs perdent en affectivité, ils gagnent parfois en efficacité. Assurément, ils ne feront jamais l'unanimité et trouveront encore longtemps détracteurs et pourfendeurs. Peut-on apprendre sans aimer, mais l'autonomie nécessaire dans l'exercice de certaines professions est-elle compatible avec la dépendance ? Vaste débat reposant sur la nature et l'origine des qualifications individuelles et collectives que son analyse par les outils ne saurait résoudre en quelques feuillets. Chacun y trouvera sa place et les arguments de sa pratique.

Le développement du e-learning, ainsi mis en place, bouscule encore quelques habitudes des formateurs, des concepteurs et des responsables formation. La distinction entre temps de travail et temps de formation n'a plus vraiment le même sens. La pédagogie tend parfois vers une individualisation plus forte. La répartition des coûts doit être revue : augmentation des investissements et des coûts de communication, diminution sensible des coûts de déplacement des participants et d'immobilisation de formateurs, de matériel ou de locaux. Enfin, le rôle des formateurs évolue, ils deviennent plus fréquemment des médiateurs ou des tuteurs et sortent de la relation de face à face.

La formation professionnelle doit intégrer et utiliser les potentialités des innovations dont elle est le vecteur. Il n'est plus possible d'imaginer les convaincre que le progrès et la croissance des entreprises auxquels les salariés doivent contribuer soient seulement liés à une collection de transparents, projetés dans la salle assombrie qui accueille le stage. Toutefois, ce prétexte ne doit pas être pris afin de transférer, comme c'est souvent le cas avec les technologies, l'effort pédagogique sur l'apprenant. Le dispositif doit être solide et bien construit.

Ces nouveaux outils de formation, les modifications réglementaires contenues dans les lois y compris celle du 4 mai 2004, le vieillissement de la population salariée, l'individualisation croissante… bouleversent assez radicalement le paysage de la formation professionnelle continue. Pour tout formateur, il convient toutefois d'en conserver le sens et l'éthique souvent incarnée par les partenaires sociaux, mais aussi et surtout de mettre en œuvre des dispositifs, des actions, des modules, une ingénierie et une évaluation qui participent pleinement au développement des entreprises et organisations qui les portent. C'est en ce sens que l'on parlera de « formation durable ».

Postface

Cela faisait quelque temps que j'invitais mon ami Christophe Parmentier à écrire un livre destiné aux formateurs. Et c'est avec un grand plaisir que je termine la lecture de son ouvrage. Je souhaitais que Christophe écrive car je suis convaincu que tous les formateurs francophones ont besoin d'un tel ouvrage pour relever ce défi, toujours renouvelé, que sont la conception et l'animation d'une action de formation.

L'acte de formation est, en effet, une épreuve fabuleuse, mais aussi « dangereuse ». Fabuleux parce qu'il conduit à développer les hommes et les femmes, les faire grandir, les ouvrir sur de nouveaux horizons. Fabuleux aussi parce que l'apprentissage est toujours l'affaire d'un groupe éphémère où entraide, passion et plaisir de découvrir autrui sont souvent mêlés. Fabuleux, enfin, parce qu'il permet à chacun de mettre à l'épreuve ses talents, de se dépasser à travers les mises en situation que propose le formateur et ainsi de se découvrir soi-même, de se remettre en question, et parfois même de s'interroger sur son avenir.

Mais former est aussi une aventure que l'on peut qualifier, avec quelques précautions d'usage, de « dangereuse ». Dangereuse d'abord pour les stagiaires. L'acte de formation est une situation de communication très forte qui porte en elle des occasions d'influence sociale, voire de manipulation. Nous savons bien, depuis K. Lewin et ses fameuses expériences sur les changements d'habitudes alimentaires des Américaines lors de la Seconde Guerre mondiale, que le petit groupe, celui qui reste le plus utilisé en formation, est le lieu des processus de changements d'attitudes et d'opinions les plus puissants. Tout stagiaire en formation est à la merci de ces processus, quel que soit le type de formation : dans le développement personnel, évidemment, mais aussi dans les formations au management, à la qualité totale, au commercial... Et il est donc indispensable de toujours veiller à ce que former ne se confonde pas avec formater !

Dangereuse, ensuite, pour l'entreprise, comme l'a montré il y a déjà une vingtaine d'années Renaud Sainsaulieu :

> « Les actions de formation sont porteuses de processus transformateurs et de changements organisationnels suffisants pour que l'on puisse les ranger au nombre des voies privilégiées du développement social des entreprises contemporaines[1]. »

Or, ces transformations et changements ne sont pas toujours maîtrisés par les entreprises elles-mêmes et peuvent avoir parfois des effets contraires à ceux souhaités. La formation, en effet, n'est pas qu'un processus d'acquisition de connaissances, c'est aussi un espace politique, une agora, en plein cœur de l'entreprise, où les stratégies, les valeurs et les modèles de management sont discutés, critiqués et parfois même remis en cause sans que ses dirigeants ne s'en rendent compte.

Dangereuse, enfin, pour le formateur lui-même. Former, ce n'est pas seulement transmettre un savoir, c'est aussi s'engager dans un processus de légitimation. Ce qui est en jeu au cours d'une formation pour un formateur, c'est sa double légitimité d'expert et de pédagogue. Au détour d'une simple question

---

1. R. SAINSAULIEU, *Sociologie de l'organisation et de l'entreprise*, Paris, FNSP et Dalloz, 1987, p. 295.

d'un stagiaire ou à l'occasion d'un moment de doute du groupe, l'expert devenu formateur peut voir sa légitimité remise en cause. Et, avec elle, son identité, mise en danger.

Pour toutes ces raisons, et bien d'autres encore, il est impératif que la formation soit entre les mains de professionnels. Ce qui ne signifie en rien qu'elle soit la chasse gardée des formateurs permanents. Bien au contraire, elle doit s'ouvrir à tous ceux qui, au sein des entreprises, ont acquis une expérience remarquable et désirent la partager avec leurs pairs. Mais que l'on soit formateur permanent ou occasionnel, on doit toujours former en professionnel.

Que signifie alors former en professionnel ? En terminant la lecture du livre de Christophe Parmentier, j'ai la conviction que le professionnel de la formation est celui qui s'inscrit dans une triple dynamique : une dynamique socio-historique, une dynamique de construction d'un corpus méthodologique, une dynamique communautaire.

Une dynamique socio-historique

Comme le souligne Yves Palazzeschi :

> « La formation ne découvre son sens qu'à travers l'histoire de la prééminence progressive du modèle de la sphère du travail, avec ses forces sociales et ses valeurs, sur le modèle de la sphère éducative et culturelle[1]. »

Ignorer cette dimension socio-historique, dans son acte de formation, c'est s'exposer au risque d'être instrumentalisé. C'est, par exemple, former sans comprendre les enjeux politiques liés aux changements organisationnels et technologiques. Cela peut être aussi réduire la finalité de son action de formation

---

1. Y. PALAZZESCHI, *Introduction à une sociologie de la formation*, Paris, L'Harmattan, 2 tomes, 1998, p. 13.

au seul développement de compétences, comme veut nous l'imposer « la sphère du travail ». Or, comme nous l'avons déjà noté par ailleurs, les effets de la formation sont multiples et bien plus riches que la simple production de compétences[1]. Christophe Parmentier, en retraçant l'histoire des débats de la formation à travers sa présentation des notions clés et des outils majeurs, offre à tous les formateurs la possibilité de mieux comprendre cette dimension politique inhérente à la formation.

Une dynamique de construction d'un corpus méthodologique

Le formateur débutant a la chance, en ce début de XXIe siècle, d'être l'héritier d'une longue tradition de pédagogues. De Rousseau à Hameline, en passant évidemment par Rogers, Mager et Knowles, un ensemble de méthodes et de principes reposant sur une représentation de la relation formateur–apprenant, s'est imposé au fil des décennies. Aujourd'hui, Christophe Parmentier fait œuvre de pédagogie en nous proposant une synthèse pratique de ces courants pédagogiques permettant à chaque formateur d'orienter ses actions quotidiennes de formation.

Il peut paraître dérisoire de rappeler comment installer une salle de formation, ou encore ce que signifie le fameux triptyque connaissance, compétence et performance. C'est pourtant ce genre de détail qui différencie le formateur professionnel de l'amateur. Le professionnel est celui qui s'inscrit dans un corpus méthodologique, c'est-à-dire tout à la fois un vocabulaire, des techniques, des outils et des débats conceptuels qui traversent le champ professionnel. Et on peut affirmer, sans prendre de risques, que la formation professionnelle a su bâtir un corpus méthodologique très cohérent, notamment ces vingt dernières années, grâce à des praticiens tels que Dominique Chalvin,

---

1. M. D<small>ENNERY</small>, *Évaluer la formation*, Toulouse, ESF, 2001.

Guy Le Boterf, Jean Favry, ou des théoriciens tels que Pierre Caspar ou Gaston Mialaret. Et aujourd'hui, chaque formateur peut puiser des ressources indispensables dans ce corpus pour rendre plus efficaces ses pratiques quotidiennes.

Une dynamique communautaire

Être formateur aujourd'hui, c'est appartenir à une famille de plus de 130 000 membres[1] qui partagent des valeurs, des normes et des croyances communes. C'est aussi s'engager avec une représentation de son rôle et de ses missions, bref, de son identité de formateur, qui puise ses images dans l'histoire des trajectoires de la communauté des formateurs[2]. C'est, enfin, bien plus que partager une déontologie ou une morale du formateur fondée sur le non-jugement, l'acceptation inconditionnelle de l'autre, le désir d'ouvrir sur le monde de la connaissance plutôt que de faire acquérir des savoirs émiettés, l'acceptation du débat y compris au sein de l'entreprise, la sécurisation du stagiaire…, c'est en permanence échanger avec ses pairs sur les effets de sa pratique sur autrui, ses responsabilités, les motifs de ses conduites (« Quel maître et quels intérêts suis-je en train de servir[3] ?»). Bref, c'est se soumettre à une interrogation éthique qui « implique de se poser la question de soi en tant que formateur mais également de se poser la question de l'autre et des effets de sa pratique et de ses valeurs en actes sur son devenir. Elle revient à interroger aussi la question du pouvoir dans la relation pédagogique et la transmission du savoir, à s'interroger sur son rôle et sa volonté de puissance », comme le souligne si bien Hugues Lenoir[4].

---

1. Selon la dernière enquête Cereq de 1999, on dénombre 130 000 formateurs au sein des organismes de formation.
2. Patrick GRAVE, *Formateurs et identités*, Paris, PUF, 2002.
3. Hugues LENOIR, « La question éthique chez les formateurs », in G. IGNASSE et H. LENOIR, *Éthique et formation*, Paris, L'Harmattan, 1998, p. 73.
4. *Ibid.*, p. 72.

S'inscrire dans cette triple dynamique n'est pas chose aisée pour le formateur débutant méconnaissant le monde de la formation. C'est pourquoi il revient à tous ceux qui ont une mission politique dans le domaine de la formation, c'est-à-dire aux responsables de formation en entreprise mais également aux financeurs de la formation (OPCA, FSE...) et aux dirigeants d'organismes de formation, de les accompagner dans leur professionnalisation.

Nous le constatons tous les jours dans notre activité professionnelle, les formateurs ont besoin d'être épaulés, soutenus et, pour reprendre un anglicisme, « supportés ». Ils ont besoin de méthodes, d'outils, mais aussi de référents, qu'ils soient scientifiques (les concepts pédagogiques) ou éthiques (les droits et les devoirs des formateurs et des stagiaires). Et ce n'est pas le moindre des mérites de Christophe Parmentier d'avoir su mailler, dans cet ouvrage, savoirs pratiques et savoirs théoriques pour que les formateurs puissent se repérer tout en s'outillant.

Ce n'est qu'avec des formateurs ainsi éclairés et outillés que la formation professionnelle sera plus forte, mieux reconnue et donc plus légitime. Ce combat pour la professionnalisation des formateurs est bien plus important aujourd'hui que tous les débats autour du e-learning et du management par les compétences. La pérennisation de la fonction formation en entreprise, qui est toujours à développer, passe par les hommes et les femmes qui la font, avant les technologies et les démarches qui l'accompagnent. Puisse le livre de Christophe Parmentier, par sa large diffusion, apporter sa pierre à l'édifice !

Marc DENNERY
Vice président du GARF
Directeur associé CLAVA

Bibliographie

Beau D., *La boîte à outils du formateur, 100 fiches de pédagogie*, Paris, Éditions d'Organisation, 2000-2001.

Bellenger L., Pigallet P., *Dictionnaire de la formation et du développement personnel*, Toulouse, ESF, 1996.

Béville G., *Jeux de communication à l'usage du formateur*, Paris, Éditions d'Organisation, 2001, p. 255.

Bezsonoff C., *Pratique de la formation. Du discours à la réalité*, Paris, Éditions d'Organisation, 2000.

Bourgeois E. et Nizet J., *Apprentissage et formation des adultes*, Paris, PUF, 1997.

Buck J.-Y., *Le Management des connaissances*, Paris, Éditions d'Organisation, 1999.

Cannac Y., *La bataille de la compétence. L'éducation professionnelle permanente au cœur des stratégies de l'entreprise*, Paris, Éditions Hommes et techniques, 1985.

Carré P., Caspar P., *Traité des sciences et des techniques de la formation*, Paris, Dunod, 1999.

Chalvin D., *Encyclopédie des pédagogies de formation*, 2 tomes, Toulouse, ESF, 1996.

Chalvin D., *Utiliser tout son cerveau*, Toulouse, ESF, 1995.

COLLARDYN D., *La gestion des compétences*, Paris, PUF, 1996.

CUISINIEZ F., ROY-MARCHAND G., *Réussissez vos actions de formation*, Toulouse, ESF, 2001.

DENNERY M., *Organiser le suivi de la formation*, Toulouse, ESF, 1997.

DENNERY M., *Piloter un projet de formation*, Toulouse, ESF, 1999.

DENNERY M., *Évaluer la formation*, Toulouse, ESF, 2001.

DENNERY M., *Réforme de la formation professionnelle*, ESF, 2004.

DENNERY M., BELLENGER L., *Guide pratique de la formation*, Toulouse, ESF, 2000.

FAVRY J., *L'entreprise de la valeur*, Paris, Éditions d'Organisation, 2001.

FAVRY J., *Mythologie d'entreprise et formation*, Paris, L'Harmattan, 2000.

FEUILLETTE I., *Le nouveau formateur, une démarche pour réussir*, Paris, Dunod Entreprise, 1995.

GABILLET P. et MONTBRON Y. de, *Se former soi-même*, Toulouse, ESF, 1998.

GRAVE P., *Formateurs et identités*, Paris, PUF, 2002.

GUILLOT J.-F., ROUQUIÉ G., *La formation au cœur de l'entreprise*, Paris, Retz, 1996.

GUITTET A., *Développer les compétences par une ingénierie de la formation*, Toulouse, ESF, 1998.

HAMELINE D., *Les objectifs pédagogiques*, Toulouse, ESF, 1979.

IGNASSE G., LENOIR H., *Éthique et formation*, Paris, L'Harmattan, 1998.

JOUSSE N., *Animer un stage de formation*, Paris, Éditions d'Organisation, 2002.

KIRKPATRICK D. L., « Evaluation of training » in *Training and development handbook*, R. L. CRAIG et L. R. BITTEL (eds), New York, Mc Graw Hill, 1967.

LE BOTERF G., *Ingénierie de la formation,* Paris, Éditions d'Organisation, 1990.

LE BOTERF G., *De la compétence à la navigation professionnelle,* Paris, Éditions d'Organisation, 1997.

LE BOTERF G., *L'ingénierie des compétences,* Paris, Éditions d'Organisation, 1999.

LE BOTERF G., *Ingénierie et évaluation des compétences,* Paris, Éditions d'Organisation, 2002, 4e éd.

LE BOTERF G., *Construire les compétences individuelles et collectives,* Paris, Éditions d'Organisation, 2000.

MALGLAIVE G., *Enseigner à des adultes,* Paris, PUF, 1990.

MEIGNANT A., *Manager la formation,* Paris, Éditions Liaisons, 2001, 5e édition.

MEIGNANT A., *La formation, atout stratégique pour l'entreprise,* Paris, Éditions d'Organisation, 1986.

MÉRIEU P., *Le choix d'éduquer : éthique et pédagogie,* Toulouse, ESF, 1991.

MIALARET G., *Pédagogie générale,* Paris, PUF, 1992.

MIALARET G., *L'éducateur, le pédagogue, le chercheur,* Paris, PUF, 1993.

MIALARET G., *Psychopédagogie,* Paris, PUF, coll. Que-sais-je ? 1997.

MIALARET G., *Les sciences de l'éducation,* Paris, PUF, 2002.

MONTMOLLIN M. de, *L'intelligence de la tâche, éléments d'ergonomie cognitive,* Berne, Peter Lang, 1984.

MUCCHIELLI R., *Les méthodes actives dans la pédagogie des adultes,* Toulouse, ESF, 1998.

MULLER J.-L., *La guerre du temps,* Paris, Éditions d'Organisation, 1995.

NAYMARK J. (dir.), *Le Multimédia en formation, Bilan critique et prospectif,* Paris, Retz, 1999.

Noyé D., Piveteau J., *Guide pratique du formateur : concevoir, animer, évaluer une formation*, nouvelle éd., Paris, Insep Éditions, 1999.

Pailhous J., Vergnaud G., *Adultes en reconversion*, Paris, La Documentation française, 1989.

Parmentier C., *Former l'entreprise de demain*, Paris, Éditions d'Organisation, 1998, p. 160.

Parmentier C., « Des mots clés : compétences, connaissances, performance et ingénierie », in *Guide pratique de la formation*, Toulouse, ESF, 2000.

Parmentier C., « Vers l'individualisation en formation », in *Guide pratique de la formation*, Toulouse, ESF, 2000.

Parmentier C., Arfaoui F., *Tout savoir pour e-former*, Paris, Éditions d'Organisation, 2001.

Parmentier C., Dennery M., *Acheter, vendre de la formation*, Editions de la performance, 2003.

Parmentier C., Leboulleux P., « Nouvelles technologies de formation en entreprise », in *Guide du multimédia en formation*, Paris, Retz, 1999, p. 167-175.

Parmentier C., Rossignol P., *Formation professionnelle, le guide de la réforme*, Éditions d'Organisation, 2004.

Parmentier C., Vivet M., *Microrobots, object or tool for factory training ? Advance in industrial Engineering, Production Research*, ICPR, Elsevier, 1993, p. 643-645.

Prax J.-Y., *Le guide du knowledge management. Concepts et pratiques du management de la connaissance*, Paris, Dunod, 2000.

Rolland M., *Bâtir des formations professionnelles pour adultes*, Paris, Éditions d'Organisation, 2000.

Soyer J., *Fonction formation*, Paris, Éditions d'Organisation, 1998.

Vergnaud G., « Concepts et schèmes dans une théorie opératoire de la représentation », in *Psychologie française*, 1985, n° 30-3/4, p. 245-252.

Index

A
action de formation 69
actives 190
AICC 295
attentes 175
audit 225

B
buts de la formation 55

C
CBT 295
changements 314
compétence collective 14
compétence individuelle 14
compétences globales 15
compétences opérationnelles 16
compétences transversales 16
comportements 77
coopération 263

D
didactique 21
dispositif de formation 67
dynamique du groupe en formation 130

E
e-learning 245, 296
études de cas 191
évaluation critériée 239
évaluation de satisfaction 265
évaluation formative 216
évaluation intermédiaire 263
évaluation normative 239
évaluation préalable 255
évaluation sommative 216
évaluer 215
exercices 191

G
groupe en formation 65

H
habilitations 288
hétérogène 199

I
ingénierie de formation 20
ISO 9000 285

J
jeux de rôle 191
jeux pédagogiques 191

L
la salle 141
licences 293

M
marché de la formation 122
mises en situation 191

N-O
NTE 295
objectifs de formation 27
objectifs opérationnels 27
objectifs stratégiques 27

P
passives 190
pauses 193
prérequis 63
progression de contenus 55
progression pédagogique 33

Q
QCM 241
qualification 11
qualité 224

R
référentiel de compétences 24
référentiel de formation 24
référentiel emploi 24
reformulation 153
réguler 159

S
savoir-faire 77
SCORM 295
séminaire 167
séquence 73, 177
simulations 191
stagiaires 79
standards 295
stratégie de formation 303
suivi de la formation 275

T
temps de la formation 124
transferts 263

Mise en pages : Istria
Achevé d'imprimer : Jouve, Paris

N° d'éditeur : 3195
N° d'imprimeur : 376663S
Dépôt légal : juin 2005

Imprimé en France